大数据时代
媒介集团的发展研究
——基于对汤森路透的考察

万丽萍◎著

中国社会科学出版社

图书在版编目（CIP）数据

大数据时代媒介集团的发展研究：基于对汤森路透的考察/万丽萍著. —北京：中国社会科学出版社，2016.4

ISBN 978-7-5161-7916-1

Ⅰ.①大… Ⅱ.①万… Ⅲ.①互联网络—应用—传播媒介—研究 Ⅳ.①G206.2

中国版本图书馆 CIP 数据核字（2016）第 070543 号

出 版 人 赵剑英
责任编辑 郭晓鸿
特约编辑 席建海
责任校对 郝阳洋
责任印制 戴 宽

出 版 中国社会科学出版社
社 址 北京鼓楼西大街甲 158 号
邮 编 100720
网 址 http://www.csspw.cn
发 行 部 010-84083685
门 市 部 010-84029450
经 销 新华书店及其他书店

印 刷 北京君升印刷有限公司
装 订 廊坊市广阳区广增装订厂
版 次 2016 年 4 月第 1 版
印 次 2016 年 4 月第 1 次印刷

开 本 710×1000 1/16
印 张 14.75
插 页 2
字 数 238 千字
定 价 56.00 元

凡购买中国社会科学出版社图书，如有质量问题请与本社营销中心联系调换
电话：010-84083683

目　录

用好大数据,驾驭大数据 …………………………………………（1）

自序………………………………………………………………………（1）

引言………………………………………………………………………（1）

第一章　绪论:问题、路径与方法……………………………………（1）
第一节　研究问题与选题依据……………………………………（1）
第二节　研究目的……………………………………………………（3）
第三节　研究路径……………………………………………………（4）
第四节　研究方法……………………………………………………（6）
第五节　概念阐述……………………………………………………（12）
本章小结………………………………………………………………（20）

第二章　文献综述………………………………………………………（22）
第一节　传媒经济学文献著作概述………………………………（22）
第二节　大数据研究文献著作概述………………………………（25）
第三节　媒介集团成长与发展研究文献著作概述………………（28）
第四节　国内大数据与传媒业相关学术论文概述………………（29）
第五节　国外大数据与传媒业相关学术论文概述………………（31）

本章小结……………………………………………………………(39)

第三章 大数据时代传媒业的新态势…………………………(41)
第一节 大数据时代的传播特点…………………………………(42)
第二节 大数据时代的媒介分析…………………………………(53)
第三节 大数据时代的受众分析…………………………………(59)
第四节 大数据时代的个人隐私与信息安全问题………………(64)
本章小结……………………………………………………………(67)

第四章 大数据时代媒介集团的成长研究……………………(69)
第一节 媒介集团成长研究的理论基础…………………………(69)
第二节 媒介集团成长的基本原则………………………………(74)
第三节 媒介集团成长的基本方式………………………………(78)
本章小结……………………………………………………………(81)

第五章 基于并购成长机制的汤森路透成长分析：
并购与转型…………………………………………………(83)
本章小结 …………………………………………………………(106)

第六章 基于创新成长机制的汤森路透成长分析：
创新与发展 ………………………………………………(108)
第一节 全球六大媒介集团的竞争规律 ………………………(108)
第二节 汤森路透的专业媒体竞争模式 ………………………(112)
第三节 汤森路透的创新经营研究 ……………………………(117)
本章小结 …………………………………………………………(129)

第七章 大数据时代媒介集团的发展战略研究 ………………(131)
第一节 企业战略概述 …………………………………………(131)

第二节　企业信息资源的战略性 …… (132)
第三节　信息资源对企业战略决策的影响作用 …… (135)
第四节　大数据时代媒介集团的发展战略 …… (135)
本章小结 …… (147)

第八章　汤森路透的发展战略研究 …… (148)
第一节　汤森路透的 SWOT 分析 …… (148)
第二节　汤森路透的发展战略分析 …… (163)
本章小结 …… (177)

第九章　结语 …… (179)
第一节　大数据时代中国媒介集团发展路径思考 …… (179)
第二节　问题与展望 …… (198)
本章小结 …… (200)

参考文献 …… (202)

致谢 …… (218)

用好大数据，驾驭大数据

万丽萍博士2002年至2005年来深圳大学攻读外国语言学与应用语言学硕士学位，以优异成绩毕业。十年来，她从事教学、媒体工作，攻读博士学位，其间还服务于深圳第26届世界大学生运动会。无论在何岗位，她始终不忘学术追求，一心献身高等教育，念兹在兹，终成大器。

她追赶大数据的大时代，在博士论文的基础上完成了专著《大数据时代媒介集团的发展研究》。她有了新的收获，可喜可贺，我岂能不欣然命笔为之祝贺，写一点什么呢。

还是从我比较熟悉的几位学者说起吧。

她用了马歇尔·麦克卢汉（Marshall McLuhan）关于媒介发生、发展、变化、逆转的四定律："新媒介放大了什么，新媒介使什么过时，新媒介再现了什么，新媒介被推向极限之后会逆转成什么。"这个四定律是最高哲学层次的理论抽象，适用于一切媒介，当然也适用于我们对大数据的理论思考和应用。

她用了保罗·莱文森（Paul Levinson）的媒介理论，援引其当代媒介的"三分说"：旧媒介、新媒介、新新媒介。大数据网罗了这三种媒介生成的一切数据，可用来研究一切媒介，包括莱文森所谓的旧媒介、新媒介和新新媒介。

计算机诞生70年来，科学技术一日千里，社会变化日益加速，时代更替美景迭出，人的视野、能力、身份迅速拓展。

20世纪70年代微电子革命兴起，不出20年，互联网铺筑的高速公路就贯通天地；不出20年，大数据时代来临；刚过几年，“互联网+”的各种平台就蜂拥而起。

一方面，博客、播客、微博客、创客，一浪接一浪，浪浪重叠，自媒体盛行，人人争当出版人、新闻人；另一方面，传统媒体和新媒体又迅速融合，难分难解，界限不明；媒介融合、三网融合、多网融合。超级计算机群雄并起，云计算水到渠成，大数据有了坚强的依托。人与手机、人与机器也难分难解。Twitter还没玩够，微信又风靡一时。

APP真多，生活真便利，真实世界和虚拟世界有时真难分解啊。

一方面，信息技术无所不能，用信息技术武装起来的人无所不能，用信息技术武装起来的机器人也无所不能。信息技术是天使，带我们飞翔宇宙，畅想未来；另一方面，信息技术又可能是恶魔，使我们误入歧途。

驾驭技术，役物而不役于物，这是人类的永恒主题。

研究大数据、驾驭大数据，这是当代最紧迫的课题。

万丽萍博士的《大数据时代媒介集团的发展研究》响应紧迫的时代呼唤，用大数据研究大数据，研究传媒集团的发生、发展和变革，有所发明。

她借用媒介理论，得心应手。

她借用大数据理论，勉力为之。

她借用媒介经济学，成就如何，我却不敢置喙，因为经济学离我太远。

身为书斋型的文科人，我对大数据时代的发生、发展和变革，没有资格议论。

请允许我借用麦克卢汉的“戏言”说几句，希望他的“胡说八道”对我们有所启发。

在1964年的经典《理解媒介》里，麦克卢汉提出著名的媒介

“老三论”：媒介是人的延伸、媒介即是信息、冷媒介和热媒介。

稍后，他用滑稽喜剧的手法玩弄“媒介即是信息”（The medium is the message），把 message（媒介）变成 massage（按摩）、mass age（大众时代）、mess age（混乱世代）。于是就弄出了“媒介即是按摩”“媒介即是大众时代”和“媒介即是混乱世代”这样的文字游戏。

由此发挥，我们还可以说，message 即是 me sage（我是圣贤），博客、播客、微博客、Twitter 客、微信客等自媒体放大了个人的能力。

“媒介即是按摩”传达媒介对个人和社会的重大影响。个人和社会对此却浑然不觉，走火入魔，那是多么危险！

“媒介即是大众时代”，大众传播、大众参与、大众创新，时势造英雄，英雄造时势！

“媒介即是混乱世代”，社会需要管理、规制、治理，不能乱；需要和谐，需要麦克卢汉所谓的“太和之境”，需要中国人憧憬的“天下大同”。

大数据时代当然是大众时代，绝不能是“老大哥”统治的时代，绝不能是技术统治的时代。

我们要学会用好大数据，驾驭大数据，推进世界人民的福祉。

我希望，媒介集团的发展能促进社会的和谐发展。

我相信，万丽萍博士能教书育人、刻苦治学、锲而不舍。

何道宽

2015 年 9 月

自　序

随着经济的全球化，全球的传播格局也打破了过去的传统模式，传媒业亦加快了全球化发展的脚步，尤其是具有相当国际化水平的大型国际传媒集团日益控制着全球主要传媒市场，对全球的文化产品流动产生着巨大的影响作用。与这些西方传媒集团相比，中国传媒企业在实力上还存在很大的差距。一方面，中国尚未形成具有真正经济规模的传媒集团，从而难以形成全球化背景下的竞争优势；另一方面，由于经济规模和语言影响力的限制，中国传媒要取得国际性的影响，尚需时日。传媒集团的实力、传播力和影响力已成为国家实力的一种象征，是一个国家在全球取得话语权的必备条件，对一个国家有着举足轻重的意义。近年来中国经济的发展及其与世界经济的日益一体化，要求中国传媒在国际舞台上发挥更大的作用。因此，关于中国传媒集团发展的讨论，应该上升到关乎中国整体实力竞争的战略高度。为此，加强对西方大型传媒集团的深入了解与研究，总结其经验得失，探究其运作奥妙，为中国传媒企业和传媒集团的发展提供有益借鉴也就显得愈发重要而迫切了。

众所周知，任何传媒集团的诞生及其发展都与传媒环境息息相关，并受到多种经济因素和社会因素的影响。因此，能够审时度势、深刻敏锐地分析当前的传媒环境及其将来的发展趋势，把握住每一个重要的发展契机，对传媒集团的发展来说是至关重要的。

从当前来看，一个大规模生产、分享和应用数据的时代正在开启，社交网络、电子商务和移动通信把人类社会带入了一个数据信息的新时代。正如维克托·迈尔－舍恩伯格教授在其著作《大数据时代》中所指出的那样，大数据时代的来临使得人类第一次有机会和条件，在非常多的领域和非常深入的层次获得和使用全面数据、完整数据和系统数据，深入探索现实世界的规律，获取过去不可能获取的知识，得到过去无法企及的商机。如今，大数据甚至影响着经济学、政治学、社会学以及其他诸多学科门类发生巨大的变化和发展，进而影响人类的价值体系、知识体系和生活方式。

同样，大数据时代背景下的受众特征也随之发生了根本性的变化。大数据时代改变了人们的媒介接触方式、媒介使用习惯、信息接收习惯、工作与学习方式、沟通与交流方式、娱乐与购物方式等等，对受众的生活方式和价值观都产生了非常重要的影响。在大数据时代，随着经济、政治、社会和受众等元素的不断发展与蜕变，传媒集团所面临的传媒环境也发生了重大变化，这就要求传媒集团能够高瞻远瞩又脚踏实地及时把握环境的变化，调整好自己的发展目标与发展战略。

汤森路透在其传媒集团发展之路上为我们提供了很多有意义的宝贵经验。汤森路透是 2008 年 4 月 17 日通过与英国大名鼎鼎的路透集团合并而正式成立的汤森路透集团。汤森路透成立后，其企业发展与壮大的脚步并未停下来，而是加快了发展的步伐。汤森路透通过多种途径打造公司核心业务，扩大业务规模，增强在行业内的竞争力，加强对业务环节的控制，整合资源和优化结构，促进内容与渠道的完美结合。目前，汤森路透已经建立了法律、金融与风险、税务与会计、知识产权与科技等领域的专业信息数据库，创立了一个知名的信息服务供应商的世界品牌，成为数字化专业信息服务行业的传媒巨头。但是，国内对汤森路透的研究甚少，几乎属于空白。因此，本书致力于深入分析汤森路透的成长与发展之路，以拓展我们的视野，加强对大型跨国传媒集团的了解，为探索我国传媒集团在新时代背景下的发展提供更多的思考。

本书以我的博士论文为基础，力求用最通俗的文字去叙述，希望给予各位的是一些实实在在的知识与思考。当初之所以选择这个选题，是得益于中国传媒大学胡正荣教授的点拨，后来在导师及其他多位恩师的指导下经过反复修改后得以完成。本书的完成还得益于前期众多研究者的丰硕成果，在此对他们表示感谢。同时，因为功力有限，书中难免有纰漏，还望大方之家不吝赐教。

传媒集团的发展研究，是一个新兴的交叉学科，目前研究这类课题的人为数甚少，但是这类研究对提升我国传媒集团的整体实力与国际竞争力具有重要意义。因此，在此希望有更多的学者和业界人士能够立志于传媒集团发展研究，为我国传媒业和传媒集团的发展做出更多的贡献。

万丽萍

2015 年 9 月于深圳

引　言

人类的传播活动是一个不断发展的过程，从口语传播时代到文字传播时代，从印刷传播时代到电子传播时代再到数字传播时代，这些传播活动的演变不是简单的依次替代，而是依次叠加的过程。从语言到文字传播经历了几万年，从文字到印刷传播经历了几千年，从印刷到电子传播经历了几百年，而从电子传播到数字传播仅仅经历了几十年的时间。伴随着传播时代的演进，媒介类型和表现形式日益丰富。纵观媒体的发展历史，可以发现传播技术起了非常重要的作用。印刷术的出现导致了报业的繁荣，电波技术的出现推动了广播电影电视的发展。同样，始于20世纪八九十年代的数字技术在传播领域的应用使传媒业发展到一个新的、数字传播的历史阶段。近年来，随着越来越多的大规模数字信息的流动与传播，有学者和业界人士提出，我们已经进入了一个新的时代——大数据时代。在大数据时代，各种庞大数据信息的产生，使得传媒业和媒介集团的发展不可避免地出现一些新情况、新问题，因此，对这种新形势下传媒业和媒介集团发展进行系统的考察和研究显得尤为重要。

在全球范围内，数字技术和网络媒体的飞速发展使一系列互动性强、个性化鲜明的数字媒介纷纷登上历史舞台，改变了人的媒介接触形态、媒介消费方式和媒介使用习惯。数字信息传播打破了传统的传播格局，带来了传媒业的新的变革，使传统的传媒产业向数字传媒产业转变。各种数字媒介的使用导致各种各样的海量数据的产生，数据量每天都在以几何倍数的速度增加，以至今天的时代已经被称为“大数据”时代，甚至有媒体将 2013 年称为“大数据元年”。在大数据时代，媒体的转型发展，既是技术问题，也是战略问题，将对未来的媒体形态和传播格局产生深远影响。

面对大数据时代各式各样的数据，传媒集团势必要寻找大数据时代新的成长与发展之路。媒介集团如何在激烈的传媒市场竞争中占有一席之地、不断开拓创新、保持自己的竞争优势，是大多数传媒集团在新时代必须考虑和解决的问题。随着数字传播技术的发展，传媒业将面临哪些新的机遇和挑战？媒介集团在新的时代将如何创新发展？这些问题是本研究的研究源起。为了探讨这些问题，本研究选择全球第一大财经信息及数据服务商汤森路透集团以及其他一些媒介集团作为考察对象，旨在通过对这些跨国媒介集团的深入研究，为大数据时代中国媒介集团的发展提供可供借鉴的经验，为打造国际化的中国媒介集团提供有益的路径思路。

本研究主要从传媒经济学理论视角出发，采用传媒经济学实务取向的研究路径，借助实证分析、规范分析、案例研究、文献分析等研究方法及 SWOT 分析模型，以特定媒介集团的案例分析为基础（其中以汤森路透为主要的案例研究对象），通过对特定现象的深入分析，将动态考察与静态分析相结合，去发现媒介集团成长与发展的一般规律，并对大数据时代传媒业所面临的新形势以及新形势下媒介集团的成长与发展问题进行了研究和探讨，旨在更深刻地认识大数据技术对传媒业和媒介集团所带来的挑战和机遇，并对大数据时代中国传媒集团的发展路径进行了思考和探究。

本书共分为九个章节，第一章为绪论，主要介绍本研究的选题依据、研究目的、研究路径、研究方法以及相关的概念阐释。第二章是文献综述，对国内外学界有关传媒经济学、大数据研究、媒介集团成长与发展研究的著作文献以及大数据与传媒业研究的相关学术论文进行了概述。第三章主要分析大数据时代传媒业所呈现的新形势和所面临的新的挑战，关注大数据时代的传播特点、媒介分析、受众分析等问题。第四章是关于大数据时代媒介集团的成长研究，主要阐述大数据时代媒介集团成长研究的理论基础、大数据时代媒介集团成长的基本原则和基本方式。第五章从并购成长机制分析汤森路透的成长与转型，将汤姆森公司及汤森路透的成长归结为四个发展阶段，即以报业为主的并购（1934—1977 年）、以专业出版业为主的并购（1978—1995 年）、以电子出版和专业资讯业为主的并购（1996—2007 年）以及以数字化专业信息服务业为主的并购（2007 年之后）。第六章从创新成长机制分析汤森路透的创新经营，指出其创新经营主要表现在专业知识数据化、电子业务窄众化、客户群体高端化三个方面，这也是汤森路透发展规律的个性特征和竞争优势所在。第七章研究大数据时代媒介集团的发展战略，将大数据时代媒介集团的发展战略归结为四点：数据挖掘 + 产品差异化——媒介集团的制胜法宝、受众需求与媒介接触点整合——媒介集团的成长基础、核心能力 + 资源整合——媒介集团的竞争优势、传媒企业家——媒介集团的创新舵手。第八章主要分析汤森路透的发展战略，从内容、渠道、技术、用户四个方面阐述汤森路透的大数据发展战略，即以数据信息服务为核心竞争力、渠道扩张战略、重视数字技术研发与数据平台建设、以用户和市场需求为导向。第九章是结语，对大数据时代传媒集团如何把握机遇迎接挑战进行了思考，认为中国媒介集团要做好以下工作：明确受众需求，找准细分市场；重视数字技术与数据分析，深度挖掘数据价值；传媒理念从“内容为王”到“信息服务为王”的转变；树立品牌意识，提升品牌影响力；重视搜索力经济，建设信息互动平台。最后，本书提出了本研究的未尽之处及未来展望。

本研究的创新性主要体现在以下几个方面：

（1）选题新。“大数据”这一概念近两年才开始火爆，传媒业对其研究得相对较少，尤其是结合大数据探讨媒介集团的成长与发展战略方面的研究尤为鲜见。而且，国内对汤森路透集团的研究也相对较少，因此，从选题上来说，本选题具有较高的创新性。

(2) 角度新。首次从传媒经济学的理论视角论述大数据时代背景下的媒介集团的成长与发展问题，从论述角度与内容架构上来说，具有较高的开创性。

(3) 论点新。本研究所得出的论点具有较高的创新性。作者在理论研究的基础上追求理论与实践的结合，力求深入研究对象的内部找到最核心的问题，并就之提出切实可行的观点与看法。因此，本研究的研究论点避免大而空，避免老生常谈，而注重观点新颖、切实有效。

本研究的资料主要来源于国内外有关传媒经济学、大数据研究、媒介集团成长与发展研究、数字传播技术等方面的研究著作，以及国内外相关学术论文和科技报告、国内外学术网站、汤森路透集团的英文网站以及国内外图书、期刊、报纸等一些资料文献，其中包括文字资料、音像资料和网络资料等等。这些资料来源，尤其是国外资料来源，为本选题的完成提供了较为充足的素材，降低了选题难度，使本选题有较高的可行性。另外，国内学界已有一些研究媒介集团的案例，这些研究及其所采用的研究方法、研究理论和研究路径为本选题提供了有益的参考，加强了本选题的可行性。虽然国内外对大数据时代传媒业和媒介集团问题的研究较少，国内对汤姆森公司及汤森路透集团进行深入研究的学术资料也相对较少，但这种研究上的空白也使得本选题的必要性和创新性表现得更加充分。但愿这项研究能够为国内学界和业界加强对大数据时代传媒业态势和媒介集团成长与发展规律的认识起到一定的作用。

第一章　绪论：问题、路径与方法

第一节　研究问题与选题依据

近两年来，“大数据”一词越来越引起人们的关注。目前，“大数据”概念已普及IT、互联网、通信、广告、电子商务、经济战略和政治建设等领域。2012年2月13日，纽约时报网站刊发一篇名为《大数据时代》（*Age of Big Data*）的文章，声称“大数据时代”已经来临。文中列举了很多案例来说明大数据对社会众多部门产生的影响，但未谈及对传媒业的影响。国内关于大数据与传媒业的研究也才刚刚兴起，对于大数据时代传媒业的应对策略以及大数据时代传媒集团的发展战略等问题更是缺乏相关的讨论。为此，本选题欲弥补这方面的研究空白，希望在这方面进行探索性研究，意在抛砖引玉，激发学界和业界对这一问题进行更加深入的探讨。

在大数据时代，数据将是企业的核心资产，如何充分利用历史的和每天产生的海量数据，如何从海量数据中提取有价值的信息，如何把信息转化成商业智能的知识和规制，对企业的竞争力乃至企业的成败起着至关重要的作用。因此，媒介集团如何在大数据时代的传媒市场竞争中成长与发展、不断开拓创新、保持自己的竞争优势，是大多数媒介集团在新时代下必须考虑和面对的问题。这一问题也是本研究选题的直接动因。

在传媒界，一些大型媒介集团在资金、技术、管理、品牌等方面拥有较大的优势，利用其遍布全球的业务网络，在全球信息传播领域占据着越来越重要的地位。在大数据时代，这些大型媒介集团对全球信息内容的流通及信息内容的呈现将起到越来越重要的作用，对全球的国际政治、经济、社会、文化生活等领域都将产生巨大的影响作用。这些大型媒介集团面临大数据时代所采取的应对策略以及它们的一些成长与发展经验，能够为我们打开思维，提供一些有益的思考、线索和发现。因此，基于对这些媒介集团的考察，我们可以更好地探讨在大数据时代，究竟什么样的媒介集团可以在激烈的竞争中生存？它们是通过什么方法和途径生存下去的？它们是如何应对大数据技术的冲击和挑战？它们如何在媒介市场进行创新经营？这些问题既是本研究选题的重要动因，也是本书的主要研究问题。

大型跨国传媒集团在随着媒介环境的发展、变化而不断调整战略、适应环境、抓住新的发展时机方面有着不少值得我们借鉴的经验，因此，本研究主要以汤森路透作为考察对象，观察和分析它的一些成功发展经验，同时也借鉴一些其他媒介集团应对大数据时代的做法，希望能通过这些研究，挖掘出一些有关大数据时代媒介集团的成长与发展战略研究方面的有益的东西供学界和业界参考。汤森路透由于 2008 年 4 月 17 日收购英国路透社而声名鹊起，因为对于具有 150 多年历史的路透社来说，这还是路透社历史上第一次由一个家族企业来控制经营，引起业界广泛关注。但是，目前国内对汤姆森公司及合并后的汤森路透集团的了解非常有限，相关汤森路透的研究几乎也是空白。在大鱼吃小鱼的竞争环境中，汤森路透如何能够以小吞大？合并后的汤森路透集团如今的发展状况如何？其未来走向又会怎样？汤森路透如何在竞争对手如林的市场上开拓自己的细分市场领域？如何保持自己在市场上的霸主地位？基于此，本研究通过探究这些问题背后的原因，以期深入剖析汤森路透的一些成功发展经验，希望为中国媒介集团应对大数据时代提供一些有益的路径思考。

总之，此次研究的研究问题是，大数据时代媒介集团将如何进行转型与创新发展？为了探索这一问题的答案，本书首先对大数据时代的传播特点、媒介特点以及受众需求特点进行了分析，并以汤森路透的成长与发展为案例，寻求大数据时代中国媒介集团创新发展的路径思考。虽然目前国内外已经开始关注大数据时代媒介集团的成长与发展问题，但尚未有比较成熟和系统的研究。因此，希望通过对这一领域之问题所进行的研究，来弥补这方面研究的空白，抛砖引玉，使得大数据时代媒介集团的成长与发展研究问题得到更多学界、业界的学者和专家的关注，以促进这一领域内相关研究的深入发展。

第二节　研究目的

近年来，我国文化产业的发展进入了黄金期，一个显著的标志就是媒介集团化建设迈出了新步伐。截至目前，我国已有的媒介集团主要有：广电集团、报业集团、出版集团、发行集团、期刊集团等。随着大数据时代的来临，对我国媒介集团来说，只有抓住机遇、大胆改革、开拓创新，才能打造出实力雄厚、竞争力强的媒介集团。

为了深入研究大数据时代媒介集团的成长与发展所面临的挑战和机遇，本书选择全球第一大财经信息及数据信息服务商——汤森路透以及其他一些媒介集团作为考察对象，意欲通过对这些媒介集团的考察研究，发现一些媒介集团发展的个性特征与共性规律，使本研究在结合理论框架指导和实践案例分析的基础上，能够对大数据时代的传媒业及媒介集团的发展有一个清晰的了解和把握。因此，本研究的研究目的就是深入揭示大数据时代传媒业的发展态势以及媒介集团在大数据时代要如何把握发展的机遇。

第三节　研究路径

本研究从媒介经济学的理论视角出发，对大数据时代媒介集团的成长与发展问题进行探讨。关于经济学的定义，从不同的角度有不同的诠释。根据萨姆穆尔森和诺德豪斯（1992：3）的定义，经济学是“研究社会如何配置稀缺资源用以生产有价值的产品，并将它们分配给不同的组织和个人”。在萨姆穆尔森和诺德豪斯这一定义的基础上，可以将媒介经济学理解为“研究传媒业如何将稀缺资源合理配置并有效利用于内容生产和制作，并将产品分配给受众、广告商和其他社会机构以满足它们不同的欲望和需求”。因此，媒介经济学旨在研究媒介经营者如何在各种资源稀缺的情况下，做出最优选择，实现利润最大化。

目前，媒介经济学，或者说传媒经济学的研究取向主要分为三种，即历史取向、理论取向与实务取向。历史取向是从经济学角度研究传媒业发展的历史进程及当前的传媒业实践，了解传媒业运作的历史真相。这最终是为了加深对传媒业本质及基本运作规律等原理性问题的认识，为理论取向的研究服务。理论取向是总结传媒业发生、发展的基本规律和基本原理。实务取向研究传媒业的具体操作和实际运作，重在给媒介行业的操作业务提供借鉴与参考，比如内容产品的销售、广告经营、资本运作、活动营销等传媒组织的经营业务如何运作更有效率？[①] 目前西方经济学领域的媒介经济学研究主要是运用西方经济学尤其是微观经济学与产业经济学对传媒业进行分析，探寻其运作规律。就全球传媒业的发展来说，美国是最发达的国家之一，传媒业发展非常繁荣，其传媒经济学研究也很先进。20 世纪 50 年代，萨姆尔森开始研究广播电视的

① 张辉锋：《传媒经济学：理论、历史与实务》，人民日报出版社 2012 年版，第 2 页。

公共品属性问题，罗纳德·H. 科斯（Ronald H. Coase）对广播电视频率的分配制度进行研究，研究频率拍卖对广播电视节目市场价格乃至制作质量等的影响。另外，美国自1988年起出版《传媒经济学期刊》（*the Journal of Media Economics*），被收入SCI。在传媒经济学的基础理论建设方面，代表人物有罗伯特·G. 皮卡德（Robert G. Picard）、阿兰·B. 阿尔巴兰（Alan B. Alabarran）、艾莉森·亚特兰大（Alison Alexander）等。

媒介企业成长对媒介集团来说至关重要，影响媒介企业成长的因素既有内部的、经济性的制约性因素，也有外部的、制度性的制约因素。因此，媒介企业成长理论最终也分化为成长外生理论与成长内生理论两个主要的研究方向。媒介企业成长研究的外生理论和内生理论这两个研究方向，其实也是由企业集团成长资源获取的内、外两种途径决定的。关于企业成长的各种理论，都主要针对企业如何在做大、做强、做长上保持持续的成长能力。因此，对企业成长的探索和分析，有利于深入认识企业是如何不断地挖掘、利用资源，实现内部经济性的积累及外部规模经济的扩大，以及如何继承先前获取的资源并不断从市场上获取资源，实现企业的扩张和发展。根据企业成长理论来研究媒介集团的成长，有助于认识和了解媒介集团的成长机制，认识和了解媒介集团成长的外在形式和内在因素，进而进行深入分析并提出解决办法，从而实现媒介集团的持续成长。

媒介企业发展是媒介集团要面对的核心问题，只有保证企业的健康稳定发展，才能实现企业目标，保持企业持续有效运行。媒介企业发展战略是企业战略中的一种，也是企业各种战略的总战略，是对企业发展的谋略，是对企业发展中整体性、长期性、基本性问题的谋划。企业发展战略的本质特征是发展性，它着眼于企业发展。企业发展是一个不断成长、壮大的过程，其中包括量的增加，也包括质的变化。企业发展战略因时而异、因地而异、因人而异、因事而异，没有固定的内容或模式。一般来说，企业发展战略主要关注三大问题：企业中长期干什么、靠什么和怎么干。谋划企业中长期干什么，就是要给企业做好定位；谋划企业中长期靠什么，就是要重视资源的开发和利用；谋划企业中长期怎么干，就是要制定好战略措施。战略措施是实现定位的保证，是善用资源的体现，是企业发展战略中的关键部分。因此，企业发展战略不是一成不变的，而需要根据实际情况不断创新。企业发展战略创新取决于企业领导观念的转变，取决于企业领导的动力、魄力和毅力。在全球化时代，传媒市场的变化多端，更加使得传媒企业要顺应变化，适时地对企业发展进行重新定位，重新整合资源，或重新制定战略措施。因此，对企业发展战略的分析，有利于深入认识企业是如何调整或重新制定发展战略以应对外部环境或内部条件的变化。

总之，本研究主要从媒介经济学理论视角出发，采用实务取向的研究路径，以特定媒介集团的案例分析为基础，其中以汤森路透的成长与发展案例为主，通过对特定现象的深入分析，将动态考察与静态分析相结合，去发现媒介集团发展的一般规律，并对大数据时代传媒业所面临的新形势及媒介集团的成长与发展问题进行了研究和探讨，旨在加深认识大数据技术对传媒业和媒介集团所带来的挑战和机遇。

第四节　研究方法

本研究主要采用媒介经济学的研究方法，即实证分析法和规范分析法，来对大数据时代传媒集团的成长与发展进行研究。媒介经济学一般更偏向社会科学，而不是人文科学，注重规范评价，更注重实证分析。实证分析法和规范分析法既是媒介经济学的主要研究方法，也是经济学的主要研究方法。此外，为了对媒介集团的成长与发展进行更为深入的探讨，本研究还采用了个案研究法对汤森路透等媒介集团进行了个案分析，并且在进行资料收集分析和文献综述阶段采用文献分析法对以往的研究历史和现在的研究现状进行了调研和总结。另外，在对汤森路透进行分析时采用了 SWOT 分析模型，对汤森路透 2008 年至 2012 年期间的发展情况进行了分析和解读。

一　实证分析法

实证分析重在研究经济现象是"是什么"，即考察人类社会中的经济活动实际是怎么运作的，它关注的是事实，在分析中不包含价值判断，不包含主观感情的东西。实证分析所关注的是解释和预测能够观测到的经济现象，用定义来刻画所研究的条件与情境。实证分析用假设来界定经济单位的动机，以假设作为分析的前提。实证分析常见的推理是"若有 A，则有 B"。该命题属于"是什么"，不涉及任何价值判断或主观爱好。比如，研究中国传媒业的基本赢利模式是什么？中国传媒业目前处于产业生命周期的哪一阶段？集团化提高了传媒业的经济效益吗？转型中的中国传媒业的属性是什么等等，这些研究回答的全是"是什么"的问题，多针对经验事实，使用调查、统计分析等方法，对经济活动进行客观描绘与本质性归纳。因为经济学是社会科学，控制实验室不太可能做到，因而要去验证某项理论很不容易，验证过程非常困难。

实证分析倾向于现象的总结。一般采用测验法、相关分析法和多变量统计分析技术等手段，来证实某种理论构想的存在，强调从现行的现象与事实中发现和揭示某些有规律性的东西，并对组成这种规律的因素进行检验。本研究所考察的特定媒介集团的成长和发展模式，主要是以实证分析为基础，探讨汤森路透集团的成长历史与发展规律以及大数据时代媒介发展的特点和受众行为等"是什么"的问题。在本研究中，实证分析的方法与规范分析的方法相互补充，实证分析将媒介集团的成长与发展研究的理论与方法落实到具体的企业运营中进一步检验理论，而规范分析则将大数据时代媒介集团的成长与发展研究上升到理性层面。

二　规范分析法

规范分析重在研究经济活动“应该是什么”，在分析中加入了自身的价值判断。规范分析法考虑什么是应该的或应当的，常常要判断什么是好的或坏的。规范分析常见的推理是“若有A，则有B，因此，应该C”。该命题属于“应该是什么”，常常带有价值判断或主观色彩。比如，一份报纸上所发布的广告应占有多大比例？报纸头版应不应该登广告？一个国家的传媒业的市场集中程度应该是多大？国家对传媒业应否管制等，这些问题的答案没有对错之分，全靠依据一定的价值评判标准去判断。在规范分析中，人们常常断言媒介产业中存在着某种关系，这种看法既假定这种关系具有真实性，又假定已正确权衡了每一种结果，因此这种看法是一种关于“什么是应该的”或“什么是不应该的”的判断，而这种看法往往是无法证明的。那么，当一个媒介经济学家说，应该允许每个受众想看什么电视节目就看什么电视节目，或者当政府设置媒介产业进入和退出壁垒或确立信息传播方面的一些普遍原则时，这些规范评价的基础就是实证分析的结果。规范研究对传媒业很重要，传媒业是向大众传播信息的，其产品尤其是内容产品具有强大的社会影响功能，所以，这个行业的社会责任感一定要强，其运作要遵循一定的伦理法规。因此，规范研究，即对传媒业的运作进行价值评判、设定其运作原则的研究，也就显得很重要。

规范分析强调的是理性的判断。一般是先确定逻辑起点，然后通过逻辑推理等，得出一定的推论形成理论。规范分析和实证分析两种是相辅相成的，实证分析为规范评价提供了有力的支持，实证分析的结果使规范评价更有说服力，规范评价可以看作是实证分析结论的具体应用，但是规范评价会受到利益、立场和价值判断的影响。本研究在考察大数据时代媒介集团的成长模式与发展战略以及中国传媒集团的发展路径等问题时，多使用规范分析的研究方法，判断“应该是什么”。但是这种判断和推理是否正确，还需要进行一定程度的检验，所以必须辅之以实证分析，即通过一定的媒介集团成长与发展的案例分析来弥补理论的抽象。

三　案例研究法

案例研究法是一种经验主义的研究方法，指的是对单一的研究对象进行深入细致研究的方法，也称为个案研究法或个案历史法。案例研究的对象可以是个体、群体或组织机构。案例研究的对象虽有典型性和个别性，但它不是完全孤立的个别而是与其他个体相联系的、某一整体中的个别。因而对这些个别对象的研究必然在一定程度上反映出整体和其他个体的某些特征和规律。案例研究的目的固然是了解和把握某个个体的具体情况，但通过案例研究揭示一般规律，也是案例研究的一个重要目的。一般来说，案例研究都有对总体研究具有普遍意义的一面。所谓普遍意义主要指案例的研究结果对整体的发展可以起到借鉴的作用。

本研究在对汤森路透集团的分析中采用了个案研究法，从该企业成长历史与发展态势的角度切入，以研究媒介集团的成长与发展为主题，广泛地收集有关资料，对各种个案资料进行系统的整理、分析、解释和推理，进行反复论证，进而揭示这些媒介集团发展变化的特征和规律，深化我们对汤森路透成长模式与发展规律的认识及其对大数据时代中国媒介集团创新发展所起到的借鉴与参考作用。

四　文献分析法

文献分析法主要指搜集、鉴别、整理文献，并通过对文献的研究，形成科学认识事实的方法。文献分析法是史学、哲学和社会学最常使用的研究方法，包括历史文献分析、统计文献分析和文献内容分析等。一般来说，科学研究都需要充分地收集资料，进行文献调研，以掌握相关的科研动态、前沿进展，了解前人已经取得的成果、过往的研究历史以及当前的研究现状等。文献分析是科学、有效、少走弯路地进行任何科学研究工作的必经阶段。

本研究在进行资料收集分析和文献综述阶段采用文献分析法对以往的研究历史和现在的研究现状进行了调研和总结。在设立了研究目标后，本研究将研究内容设计成具体的、可操作的、可重复进行的文献研究活动，通过图书馆、社科教育单位、学术会议、个人交往和计算机互联网等渠道收集了大量文献，对这些文献资料进行细致调查，分析有效信息，从而做出分析判断。本研究的文献分析主要得益于以下几个方面的资源：

第一，以商业化媒体实务操作为主线的美国媒介经济学类的论著。这些论著主要有：《媒介经济学理论与实务》（*Media Economic—Theory and Practice*）是由媒介经济学界的权威学者艾莉森·亚特兰大（Alison Alexander）等人合著，包括媒介经济学的理论分析和对媒介产业 8 个主要门类的分析；阿兰·B. 阿尔巴兰（Alan B. Alabarran）1996 年版的《媒介经济学——理解市场、行业与概念》（*Media Economics—Understanding Markets, Industries and Concepts*）阐释了媒介经济学原理、媒介经济学研究的未来，并分析了五个媒介产业门类，此书提出的核心观点是“传媒经济学是指传媒产业使用稀缺资源来生产一定的内容以满足公众各种不同的需要与欲求”；由阿兰·B. 阿尔巴兰（Alan B. Alabarran）和其他权威学者各自撰写一章的《全球媒介经济学——世界媒介市场的商业化、集中化与整合》（*Global Media Economics—Commercialization, Concentration and Integration of World Media Markets*）一书重于描写实务操作，轻于进行理论探讨，全书共分为北美、南美、欧洲、非洲与中东、亚洲与太平洋地区五个部分，对 19 个国家或地区的媒介经济逐一进行剖析；罗伯特·G. 皮卡德（Robert G. Picard）的《媒介经济学》

（*Media Economics*）阐述了媒介经济学导论、媒介市场概念与角色、消费者选择与市场反应、生产者选择与市场反应、市场的垄断与竞争、媒介资本市场、政府对媒介产业的影响以及劳动力市场。这些论著关于媒介经济学及其对传媒实务的分析是本研究的重要理论思路来源。

第二，以汤森路透为主的跨国媒介集团的材料。这部分资源主要来源于这些跨国媒介集团的公司网页上公布的年度报表、新闻发布以及活动动态。这部分资源是相对珍贵的原始资料。

第三，英美主流媒体的报道。英国的《金融时报》、美国的《华尔街日报》和《纽约时报》的关于媒体公司的新闻报道较有权威性，相关数据相对而言还是比较可靠。

五　SWOT 分析模型

SWOT 分析模型指对企业的优势（strengths）、劣势（weakness）、机会（opportunities）和威胁（threats）进行分析的研究方法。它是基于企业自身的实力，与竞争对手相对比，分析企业外部环境影响可能对企业带来的机会与企业面临的挑战，进而制定企业最佳战略的方法。优势和劣势是企业的内部条件，机会和威胁是企业的外部环境。SWOT 分析模型是将企业的内部分析（以能力学派为代表）与产业竞争环境的外部分析（以安德鲁斯和迈克尔·波特为代表）结合起来，形成具有显著结构化和系统化特征的分析体系，使得企业战略的制定更加科学全面。因此，SWOT 分析法自形成以来，广泛用于企业战略研究与竞争分析，成为战略管理的重要分析工具。

本研究在对汤森路透的发展战略进行分析时采用了 SWOT 分析模型，对汤森路透 2008 年至 2012 年期间企业发展过程中的内部条件和外部环境的变化进行了详细分析和解读，使我们能够比较清晰地了解汤森路透制定企业发展战略的背景环境。

第五节　概念阐述

一　大数据时代

“大数据”（Big data）的概念最早源于1980年著名的未来学家阿尔文·托夫勒，他在其《第三次浪潮》一书中，将大数据热情地称为“第三次浪潮的华彩乐章”[①]。从2009年起，“大数据”开始成为互联网信息技术行业的流行名词。美国互联网中心指出，全球互联网上的信息每年将增长50%，此外，全世界的工业设备、汽车、电表上有着无数的数码传感器，随时测量和传递着有关地理位置、运动、震动、温度、湿度以及空气中化学物质的变化，所有这些导致了海量数据信息的产生。

2011年5月，麦肯锡全球研究所发表研究报告《大数据：下一个创新、竞争和生产率的前沿》，报告中对“大数据”的定义是：“大数据是指大小超过了传统数据库软件工具的抓取、存储、管理和分析能力的数据群。”[②] 此后，“大数据”这一概念开始火爆起来。IBM对“大数据”的定义提出了“4V”理论，即规模性（Volume）、多样性（Variety）、高速性（Velocity）和真实性（Veracity）。国际数据公司（IDC）认为，大数据的四个特点是高容量、多样化、持续性和高价值，大数据包括基础架构、数据管理、分析挖掘和决策支持四个层面。

麦肯锡全球研究所在其2011年度报告《大数据：下一个创新、竞争和生产力的前沿》中指出，人数据的价值主要体现在两个方面：分析使用和二次开发。大数据的分析使用可以揭示之前由于分析成本太高而忽视的信息，如消费者的同伴影响[③]、购物交易信息分析、

---

① 张意轩、于洋：《大数据时代的大媒体》，《科技智囊》2013年第3期。

② 郭晓科：《大数据》，清华大学出版社2013年版，第5页。

③ 即 peer influence，指人们效仿同类中某种流行行为的影响力。

社交网络信息和地理数据等。二次开发是指在大数据分析使用的基础上开发出新产品和新数据，这些新产品和新数据被用来创造新的商业模式或生产组织模式，影响着我们传统的思维逻辑。比如，在种类繁多的大数据中，个人定位数据可以应用在以下三个方面：一是个人使用的定位服务，包括智能路由、汽车车载智能通讯、智能手机移动定位等；二是个人定位数据组织性的使用，如地理定位广告、电子收费、保险定价和应急响应；三是聚类定位数据在宏观层面的使用，包括城市规划和零售业务智能。

随着“大数据”概念的火热兴起，“大数据时代”一词也应运而生并不断地被加以诠释。在麦肯锡提出“大数据时代”到来之后，2012 年 2 月 13 日的纽约时报网站又刊登了一篇名为《大数据时代》（*Age of Big Data*）的文章，更是声称“大数据时代”已经来临。之后，甚至有媒体将 2013 年称为“大数据元年”。人们对大数据时代的理解所达成的共识是：大数据时代是一个全新的时代，个人、群体、企业、社会组织和社会活动都产生大量的数据，各种存储设备、各类数据库、云服务器都保存着海量数据，提取、转换、整合、联机分析、数据挖掘等变成常态性工作，大数据对社会的各行各业、每一个人都正在产生着重要的影响作用。

被誉为“大数据时代的预言家”的牛津大学网络学院互联网研究所教授维克托·迈尔-舍恩伯格说，世界的本质就是数据，大数据发展的核心动力来源于人类测量、记录和分析世界的渴望。他说，大数据的关键是从因果关系到相关关系的思维转变，而大数据的核心就是建立在相关关系分析法基础上的预测，这种预测的应用在将来会越来越多。

通过查阅关于大数据的文献资料及相关论文著述，笔者认为，大数据的概念可以从三个方面来理解：

第一，大数据指巨量的数据集。大数据数量庞大、类型繁多、价值密度低、处理速度快。大数据主要来源于以下五个方面：一是媒体数据，尤其是互联网、社交媒体所产生的数据，包括人们浏览网页的数字化记录等；二是各类企业的生产、销售、管理等数据；三是政府部门的数据；四是物联网、各种传感器产生的数据，以及未联网的各种摄像头拍摄的数据；五是民众个人留存的数据，包括亲人、家庭文字及音像数据①。大数据的特性之一是数据的完整性和综合性；特性之二是数据的开放性和公共性，完整的、综合的大数据必然产生于一个开放的、公共的网络环境之中；大数据的特性之三是数据的动态性和及时性。②

第二，大数据指一种对大规模数据的综合处理能力。除去政府机构、媒体、企业等提供更多的数据外，各种用户数据、社会化媒体平台上的UGC、移动终端的地理信息、物联网产生的数据等数量也急剧增长。在这种大规模的数据环境下，对人们挖掘、处理、分析、分享和利用大型数据等能力提出了全新的要求。谁具备优秀的数据处理能力，谁才能真正地利用数据，让数据产生价值。

第三，大数据是指一种社会状态。数据是信息的数字化记录，数据时代是信息时代的发展，是后信息时代，是信息超级膨胀的时代。在大数据时代，数据成为重要的社会资源和生产资料，如何开放、收集、保存、维护、管理、整合、分析、共享数据，是个人、企业、政府的公共课题，通过分析和挖掘数据可以获得新的、有价值的知识，可以创造价值，学习、工作、生产、投资、理财、管理都离不开数据，人人都要收集数据、使用数据，管理社会、治国安邦更需要用先进技术处理庞大的数据。因此，大数据实际上是对一种社会状态的描述。在这种社会状态中，信息

① 官建文、刘扬、刘振兴：《大数据时代对于传媒业意味着什么》，《新闻战线》2013年第2期。

② 谢文：《大数据——“三维”空间的有机融合》，http：//yjy. people. com. cn/n/2012/1105/c245081－19502283. html。

（数据）通过传播形成现实中的人们的观念（或信念），这些观念（或信念）又导致人们行为的转变。在这样一个时代，数据在社会中扮演着主要角色，数据成了时代的标志，对社会的发展起着重要的作用。

简而言之，大数据指的是巨量的数据集及对大规模数据的综合处理能力，是一种重要的社会资源和生产资料，它是互联网、社交网络、物联网、云计算和移动应用等技术发展的必然趋势。因此，大数据时代指的是在这些技术发展基础上信息数据爆炸式增长的时代，是媒介改变人类生活方式、思维方式和消费方式，改变社会生产方式和管理方式的时代。大数据时代的根本特征是信息数字化和传播网络化。数字技术催生了一对一、一对多及多对多的网络化交流与传播活动。如今，一个大规模生产、分享和应用数据的时代正在开启。在大数据时代，窄众、定向的精准传播成为可能，体验经济大行其道，数据营销成为21世纪的主要营销方式，量化管理和评估成为重要手段。大数据时代能否智慧地利用数据，即剔除垃圾信息提取有价值、有意义的数据，将决定个人、企业或国家在竞争中的成败。

二　企业成长机制

“机制”一词最早源于希腊文，指机器的构造和工作原理。后来，这一词语被引申到不同的领域，如生物机制、社会机制、经济机制。现在，词典上对“机制”的定义为：“有机体的构造、功能和相互关系”“一个工作系统的组织或部分之间相互作用的过程和方式”等。总之，机制存在的前提是事物各个部分的存在，机制以一定的运作方式把事物的各个部分联系起来，使他们协调运行而发挥作用。因此，企业成长机制就是企业在特定的时代背景环境下，充分利用企业内、外部资源，协调企业内部各个部分使之有效运作，从而实现企业成长的过程和方式。简而言之，企业成长机制主要探讨企业是通过什么方式实现成长的。

企业成长机制的形成与特定的时代特征相联系，也与企业和企业家的战略意图和偏好有关。目前实践中主要存在三种基本的企业成长机制，即内部成长机制（Organic Growth）、并购成长机制（Acquired Growth）或外部成长机制以及网络化成长机制（Network - based Growth）。这三种基本企业成长机制的区别见表1。

表1　企业成长机制类别

成长机制类别	内部成长机制	并购成长机制	网络化成长机制
基本含义	通过企业内部资源的积累和创造实现成长	通过购买外部资源实现企业成长	通过内、外部资源的整合实现成长
战略思想	企业内部资源能力是竞争优势的主要来源	外部环境（产业结构）决定了企业竞争优势	内部资源与外部资源匹配决定了企业竞争优势
商业理念	竞争	竞争	合作竞争
成长资源	产权控制、内部积累与创造	产权控制、外部市场购买	非产权控制、内外部共享与整合
成长速度	较慢	很快	较快
核心任务	积累和创造内部资源	并购竞争对手	创建和维护网络（共享与整合资源）
适用环境	线性、可预见	复杂性和动态性增强	非线性、不确定性
成长影响因素	企业家和企业内部资源	企业外部资源	企业内外部资源①

在复杂多变的环境下，各种成长机制都有其存在并取得成功的现实条件，但在特定的时代背景或历史阶段，某一种企业成长机制可能会成为企业成长机制的主流形式。

三　企业创新经营

创新经营是实现企业战略的保证与手段，是统帅企业一切经营

① 资料来源于邬爱其《集群企业网络化成长机制研究——对浙江三个产业集群的实证研究》，博士学位论文，浙江大学，2004年，第41页。

活动与营销工作的灵魂。创新是一个在市场上创造和产生新的客户价值的过程。经营的创新就是通过新的理念来实施新产品、新渠道、新的商业模式、新的管理方式、新的组织架构等多方面的策略来为客户和企业创造新的价值。创新经营的本质是要为客户与企业解决问题、能够有助于提升企业的竞争力和利润来源。创新经营的主要内容包括：组织管理与制度的创新、经营目标与战略创新、产品与技术创新以及营销方式、策略和手段创新。

创新经营主要有四个特征：（1）它所强调的并不是“改变”的内容，例如新产品、新制度等，而是创新精神和变革的实践，是促成、实现新事物的过程。（2）创新经营依赖于企业中人的能力与素质。创新经营的初始阶段通常只是一种思想，甚至只是人的一种灵感或直觉，要依赖创新者的不断探索与实践，才能逐渐成熟，形成创新成果。具有创造性思维和实践精神的人才是企业经营创新的基本力量和因素。（3）创新经营是企业管理能力的综合体现。管理者担负着经营创新的重大责任，他要能够将创新培育成企业精神，形成有利于创新的环境和气氛，以激发、引导并实现有效的创新。（4）创新经营包括企业经营管理活动的各个方面的创造和变革。它并非都是大型研究项目，整体的改造和重大的技术突破，也不一定需要严密的科学论证、系统设计或完整的计划。有时只是针对经营中存在的问题，通过创新思维，采取别人意想不到的新点子，不必耗费多少人力、物力也能进行有效的创新。

四　市场竞争策略

企业的市场竞争策略是指企业依据自己在市场上的地位，为实现竞争战略和适应竞争形势而采用的具体行为方式。具体的竞争策略主要有市场领导者竞争策略、市场挑战者竞争策略、市场追随者竞争策略和市场拾遗补缺者竞争策略。

企业在市场上的竞争地位以及企业可能采取的竞争策略，往往要受到企业所在行业竞争结构的影响。影响行业竞争结构的基本因素有：行业内部竞争力量、顾客的评议能力、供货厂商的评议能力、潜在竞争对手的威胁、替代产品的压力。

(1) 行业内部的竞争。导致行业内部竞争加剧的原因可能有下述几种：①行业增长缓慢，对市场份额的争夺激烈；②竞争者数量较多，竞争力量大抵相当；③竞争对手提供的产品或服务大致相同，或者至少体现不出明显差异；④某些企业为了规模经济的利益，扩大生产规模，市场均势被打破，产品大量过剩，企业开始诉诸削价竞销。

(2) 顾客的议价能力。行业顾客可能是行业产品的消费者或用户，也可能是商品买主。顾客的议价能力表现在能否促使卖方降低价格，提高产品质量或提供更好的服务。行业顾客的议价能力受到下述因素影响：①购买数量，如果顾客购买的数量多、批量大，作为卖方的大客户，就有更强的讨价还价能力；②产品性质，若是标准化产品，顾客在货源上有更多的选择，可以利用卖主之间的竞争而加强自己的议价能力；③顾客的特点，消费品的购买者，人数多且分散，每次购买的数量也不多，他们的议价能力相对较弱；④市场信息，如果顾客了解市场供求状况、产品价格变动趋势，就会有较强的议价能力，就有可能争取到更优惠的价格。

(3) 供货厂商的议价能力，表现在供货厂商能否有效地促使买方接受更高的价格、更早的付款时间或更可靠的付款方式。供货厂商的议价能力受到下述因素影响：①对货源的控制程度，如果货源由少数几家厂商控制，供货厂商就处于竞争有利地位，就有能力在价格、付款时间等方面对购货厂商施加压力，索取高价；②产品的特点，如果供货厂商的产品具有特色，那么供货厂商就处于有利竞争地位，拥有更强的议价能力；③用户的特征，如果购货厂商是供货厂商的重要客户，供货厂商就会用各种方式给购货厂商比较合理的价格，乃至优惠价格。

(4) 竞争对手的威胁，潜在竞争对手指那些可能进入行业参与竞争的企业，它们将带来新的生产能力，分享已有的资源和市场份额，结果是行业生产成本上升，市场竞争加剧，产品售价下降，行业利润减少。潜在竞争对手的可能威胁，取决于进入行业的障碍程度，以及行业内部现有企业的反应程度，进入行业的障碍程度越高，现有企业反应越强烈，潜在竞争对手就越不易进入，对行业的威胁也就越小。

(5) 替代产品的压力，是指具有相同功能，或能满足同样需求从而可以相互替代的产品，如石油和煤炭、铜和铝。几乎所有行业都有可能受到替代产品的冲击，替代产品的竞争导致对原产品的需求减少，市场价格下降，企业利润受到限制。

总之，影响企业市场竞争策略的五要素是直接竞争者（现有竞争者之间的竞争）、潜在的加入者、供应商、替代品和采购者。企业根据自身资源情况来发展核心竞争力，展现出来的就是企业的竞争优势。

五　企业发展战略

企业为了在激烈的市场竞争中保持自己的竞争优势，必定要制定企业的发展战略，通过企业发展战略的有效实施来实现企业的竞争优势。企业战略是对企业各种战略的总称，是指企业根据环境的变化、自身的资源和实力设立远景目标，并对如何实现目标进行总体性和指导性的谋划。企业战略的核心内容包括：企业使命、企业愿景、业务组合定位、战略目标和战略举措。从战略种类来看，企业战略包括营销战略、品牌战略、融资战略、技术战略、人才战略，等等。从战略类型来看，企业战略包括发展型战略、稳定型战略、收缩型战略、并购战略、成本领先战略、差异化战略和集中化战略，等等。主要的一些企业战略类型之具体分类可参见图 1：

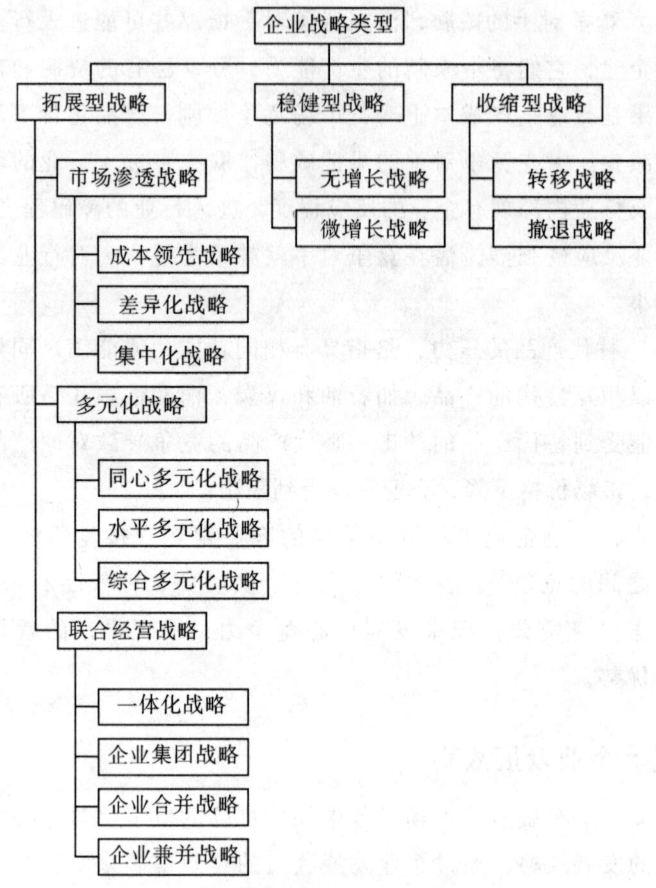

图 1　企业战略类型

本章小结

本章主要阐述了此次研究的主要内容、研究目的、研究路径、研究方法以及相关一些重要概念的阐释。本研究以大数据时代传媒业即将面临的新态势以及媒介集团如何应对大数据时代、抓住时机转型发展作为主要研究内容，目的是深入揭示大数据时代传媒业所呈现出的基本特征及媒介集团如何找到发展的突破口。本研究采取媒介经济学的研究路径，在研究过程中以汤森路透以及其他一些媒介集团的案例为基础，采用实证分析、规范分析、个案研究和文献分析的研究方法以及 SWOT 分析模型，对大数据时代传媒业所面临的新形势及媒介集团的成长与发展问题进行探讨。同时，本章对大数据时代、企业成长机制、企业创新经营、市场竞争策略和企业发展战略等一些重要概念进行了简要阐释。

第二章 文献综述

本研究的著作文献资料主要来源于三个方面：一是传媒经济学方面的著作，二是大数据方面的著作，三是媒介集团成长与发展方面的著作。另外，关于大数据与传媒业的学术论文资料主要来源于国内外学术期刊，这些论文一般都是通过中国知网的期刊论文网及google 学术网检索而得。

第一节 传媒经济学文献著作概述

目前，传媒经济研究主要分为美国西方经济学派（通常被称为传媒经济学派）和以西欧、北美一些学者为主的传播政治经济学派。

传媒经济学派运用西方经济学尤其是微观经济学和产业经济学对传媒业进行分析，探寻其运作规律，在研究方法上主要采用微观经济学与产业经济学的研究范式，认为微观经济学中的供给、需求、产品、市场、生产要素等原理普遍适用于对传媒产品和传媒产业的分析。美国是全球传媒业最发达的国家之一，传媒业发展非常繁荣，其传媒经济学研究也很先进。20 世纪 50 年代，萨姆尔森开始研究广播电视的公共品属性问题，罗纳德 · H. 科斯（Ronald H. Coase）对广播电视频率的分配制度进行研究，研究频率拍卖对广播电视节目市场价格乃至制作质量等的影响。另外，美国自 1988 年起出版《传媒经济学期刊》（*the Journal of Media Economics*），被收入 SCI。在传媒经济学的基础理论建设方面，代表人物有罗伯特·G. 皮卡德（Robert G. Picard）、阿兰·B. 阿尔巴兰（Alan B. Alabarran）、艾莉森·亚特兰大（Alison Alexander）等。

在传媒经济学的代表性著作方面，主要有如下著作：《媒介经济学理论与实务》（*Media Economic—Theory and Practice*）是由媒介经济学界的权威学者艾莉森·亚特兰大（Alison Alexander）等人合著，包括媒介经济学的理论分析和对媒介产业八个主要门类的分析；阿兰·B. 阿尔巴兰（Alan B. Alabarran）1996 年版的《媒介经济学——理解市场、行业与概念》（*Media Economics—Understanding Markets, Industries and Concepts*）阐释了媒介经济学原理、媒介经济学研究的未来，并分析了五个媒介产业门类，此书提出的核心观点是“传媒经济学是指传媒产业使用稀缺资源来生产一定的内容以满足公众各种不同的需要与欲求”；由阿兰·B. 阿尔巴兰和其他权威学者各自撰写一章的《全球媒介经济学——世界媒介市场的商业化、集中化与整合》（*Global Media Economics—Commercialization, Concentration and Integration of World Media Markets*）一书重于描写实务操作，轻于进行理论探讨，全书共分为北美、南美、欧洲、非洲与中东、亚洲与太平洋地区五个部分，对 19 个国家或地区的媒介经济逐一进行剖析；罗伯特·G. 皮卡德（Robert G. Picard）的《媒介经济学》（*Media Economics*）阐述了媒介经济学导论、媒介市场概念与角色、消费者选择与市场反应、生产者选择与市场反应、市场的垄断与竞争、媒介资本市场、政府对媒介产业的影响以及劳动力市场。这些论著关于媒介经济学及其对传媒实务的分析是本研究的重要理论思路来源。

传播政治经济学派主要是从政治经济学的角度进行研究，着眼于从宏观传播与社会的关系角度来研究传媒和传媒产品。20 世纪 40 年代到 60 年代中期，传播政治经济学的创始人达拉斯·斯麦兹（Dallas W. Smythe）出版了《论传播政治经济学》《消费者在广播电视中的利害关系》等代表作即是这一阶段的重要研究成果。20 世纪 60 年代末到 80 年代中，传播政治经济学蓬勃发展，出现了赫伯特·席勒（Herbert I. Schiller）、托马斯·古拜克（Thomas Guback）、格拉海姆·默多克（Graham Murdoch）、彼得·戈尔丁（Peter Golding）等学者。这一时期的研究主要关注信息及其文化产品，不仅关注信息（传媒产品）的生产过程，也开始关注实现信息产品价值的全过程，并把研究对象从传媒内部及信息产品内容本身扩大到与信息产品生产全过程有关的一切领域。20 世纪 80 年代末 90 年代初，传播政治经济学进入新的发展时期，新一代的研究学者如罗伯特·W. 麦克切斯尼（Robert W. McChesney）、艾琳·米翰（Eileen Meehan）和文森特·莫斯可（Vincent Mosco）等，在继续深入研究以往课题的同时，积极探索新的研究方向，比如重新思考国际信息流动问题、进一步探讨政治经济权力和传媒的关系文化消费问题等。因为本研究主要从西方经济学的传媒经济学视角来探讨媒介集团的成长与发展，所以在此对传播政治经济学的理论和研究方法就不一一赘述。

我国的传媒经济学研究，目前基本上只在新闻传播学界和业界展开。1978 年，党的十一届三中全会后有关传媒经营的学术研究逐渐开始，早期只是零散的学术论文，如张达 1985 年在《新闻知识》第 1 期上发表的“谈谈报社的企业化”一文，提出了报业的经营问题；陈力丹教授 1986 年在《新闻界》上发表了“新闻是一种特殊商品”，周鸿铎 1989 年在《中国广播电视学刊》第 5 期上发表了“探讨广播电视的经济属性”，这些都是早期的传媒经济学研究的学术论文。1990 年代后，随着传媒经营事件在中国的快速发展，有关媒介经济学的研究也逐渐兴起，出现了一批研究人员，涌现了一批研究成果。在基础理论体系的建构层面，有周鸿铎的《传媒经济导论》《广播电视经济学》，吴飞的《大众传媒经济学》，金碚的《报业经济学》，吴克宇的《电视媒介经济学》，赵曙光、史宇曙的《媒介经济学——一个急速变革行业的原理和实践》，吴信训等人合著的《现代媒介经济学》，喻国明的《传媒经济学教程》。其他一些专著方面有黄生民、丁俊杰主编的《媒介经营与产业化研究》《国际化背景下的中国媒介产业化透视》，宋建武的《中国媒介经济与媒介运作》，陆地的《中国电视产业发展战略》，曹鹏的《中国报业集团发展研究》等，有关传媒经济学的学术论文则为数更多。可以说，目前中国传媒经济学的研究已经有了相当大的进步，对了解中国传媒业的发展、指导中国传媒业的实践都起到了良好作用，也为今后中国传媒经济学的研究打下了较好基础。

从国内外传媒经济学著作的研究范围与研究路径来看，存在偏重理论和实务而较少进行历史研究的特点。国内外传媒经济学学者在研究时主要采取的是理论取向和实务取向，关注的是传媒业发生、发展的规律与原理以及传媒业不同产业门类的实务操作，但较少从历史取向深入探讨传媒业特定的某一产业的发展历史进程和运作历史。

第二节　大数据研究文献著作概述

在大数据著作文献方面，国内外主要从近两年开始出现著作井喷的状况。之所以出现这种学术研究高涨的现象，其中一个重要的原因就是大数据在经济、政治、社会、文化、军事等领域所潜藏的巨大价值，引起各行各业对之产生高度关注。

近年来，国外学者中有关大数据最具影响力的著作堪称英国学者维克托·迈尔－舍恩伯格和肯尼思·库克耶合著的《大数据时代》。此书由盛杨燕和周涛翻译成中文，于 2013 年 1 月出版。作者在书中提出了大数据时代数据处理理念的三大转变，即要全体不要抽样、要效率不要绝对精确、要相关不要因果，并阐述了万事万物的数据化和数据中隐藏的巨大价值，同时提出了大数据时代产业生态环境、数据安全、信息公正公开等问题。日本学者成田真琴的《大数据的冲击》结合野村综合研究独家披露的调查数据，网罗了美国、日本标杆企业与政府的应用案例，总结了大数据的商业模式，以及在大数据应用中需要注意的隐私问题，并就如何为大数据时代做好准备展开了深入的探讨，提出了诸多有益的建议。美国学者 Bill Franks[①] 的《驾驭大数据》主要介绍了大数据的定义、重要性、如何应用大数据以及分析和操作大数据的工具、技术和方法。

国内学者也出版了不少大数据方面的著作，郑毅的《证析》探讨了数据通过交叉复用体现的新价值、大数据战略在企业与政府执行层面的流程，以及大数据科学家这一新职位和这一职位的能力和责任等问题；徐子沛的《大数据：正在到来的数据革命》阐述了数据的公正性、公平性以及信息和数据管理等方面在理念、政策和执行上的变化，尤其是美国在这方面的发展情况；苏萌、林森、周涛合著的《个性化：商业的未来》对大数据时代最重要的技术——个性化技术，以及与之相关的新商业模式进行了从理念到技术细节的全面阐述；郭晓科的《大数据》收集了全球关于大数据的最新研究成果，勾勒出“大数据”在社会各个领域被广泛应用的图景，并前瞻性地描绘了未来的大数据世界；谭磊的《New Internet：大数据挖掘》阐述了大数据的基本概念和技术，全面介绍了如何使用数据挖掘技术从各种结构的（数据库）或非结构（Web）的海量数据中提取和产生业务知识，梳理了各种数据挖掘常用算法和信息采集技术，描述了如何在互联网日志分析、电子邮件营销、互联网广告和电子商务上进行数据挖掘，着重介绍了数据挖掘的原理和算法在互联网海量数据挖掘中的应用；周宝曜、刘伟和范承工主编的《大数据：

---

① 此书由黄海翻译。作者 Bill Franks 是 Teradata 公司全球合作伙伴计划的首席分析专家，他负责跟踪研究分析领域的前端趋势，帮助客户理解 Teradata 和其分析合作伙伴如何为客户创造价值。Bill 还负责管理 Teradata 与 SAS 合作成立的业务分析创新中心，并专注于帮助客户获得创新分析能力。此外，Bill 负责制定 Teradata 公司在高级分析领域的战略与定位。

战略·技术·实践》从实际技术解决方案出发，提出了大数据技术的四层架构，即基础设施层、管理层、分析层、应用层，并以此为基础，剖析了当前大数据领域的主流技术，并配以行业应用实例和一线研发人员的独到见解；赵国栋、易欢欢、糜万军和鄂维南合著的《大数据时代的历史机遇——产业变革与数据科学》将技术理解、产业认知和资本市场估值三种贯通起来，让大数据不再停留在理念和技术层面，而是深入到商业价值与模式、产业格局与生态、数据科学与教育等各个层面；郭昕和孟晔编著的《大数据的力量》联系当前大数据的发展现状，对照微软、IBM、GE等世界500强企业对大数据的应用，从应用大数据的行业、大数据人才争夺战、大数据应用关键技术、中国大数据的发展前景等角度，解读了大数据对我们工作、生活和学习方式的改进，以及大数据在企业发展转型过程中的应用；赵刚的《大数据：技术与应用实践指南》分析了大数据的发展背景、基本概念，从业务的角度分析了大数据应用的主要业务价值和业务需求，在此基础上介绍大数据的技术架构和关键技术，结合应用实践，阐述了传统信息系统与大数据平台的整合策略、大数据应用实践的流程和方法，介绍了主要的大数据应用产品和解决方案，并对大数据面临的挑战和未来的趋势进行了展望；李德伟等编著的《大数据改变世界》介绍了大数据及其应用，全书分为三篇共11章，上篇（第1—2章）描述了大数据带来的冲击和它引爆的思维革命、社会变革，以及数据权在政治、经济、军事上的重要意义。中篇（第3—6章）介绍了大数据的数理哲学原理和认识论原理，大数据在科学认识中的作用以及大数据分析的社会意义。下篇（第7—11章）是与大数据研究相关的一些应用成果，包括主动智能搜索、数据挖掘与创新、企业信誉与市场满意度调查、中国市场经济信息评估系统和智慧城市的规划与评估。

以上13本著作中，除了郑毅的《证析》、徐子沛的《大数据：

正在到来的数据革命》（2013年又重新出版）和苏萌、林森、周涛合著的《个性化：商业的未来》这三本著作出版于2012年之外，其他10本著作的出版时间均在2013年，怪不得有媒体称2013年为“大数据元年”。近两年来，尤其是2013年以来，随着对大数据的追捧，对大数据进行相关研究的著作也呈现出急剧增多的态势。从这些著作的研究内容来看，大部分是从IT、互联网行业的角度来探讨大数据的影响和应用以及数据挖掘的价值和商业模式，没有涉及大数据与传媒业的关系以及大数据对传媒业的影响。

第三节　媒介集团成长与发展研究文献著作概述

有关国内媒介集团成长与发展研究的著作文献方面，朱春阳的《现代传媒集团成长理论与策略》以及郭全中的《传媒集团战略与管理体制研究》对本研究的研究思路有着重要的启发作用。

朱春阳的《现代传媒集团成长理论与策略》① 对传媒集团成长的基本理论、基本方面和基本问题阐述得非常清晰，尤其对传媒集团竞争优势问题进行了深入探讨。作者还对中国传媒集团的成长情况进行了研究，深入观察我国传媒集团运行的产业环境，以便寻找“现实的机遇”。在案例分析上，作者对上海传媒集团的经验进行了总结，并进一步对其问题进行了反思，对如何解决上海传媒集团创新成长问题提出了积极的建议。

郭全中的《传媒集团战略与管理体制研究》② 沿着战略决定体制、体制决定机制、机制决定活力、活力决定效益、效益决定发展的研究思路，重点研究当前制约和影响报业传媒集团发展的主要问题——战略和管理体制。本书通过分析影响传媒业发展的外部环境、

---

① 朱春阳：《现代传媒集团成长理论与策略》，上海人民出版社2008年版。

② 郭全中：《传媒集团战略与管理体制研究》，北京师范大学出版集团、安徽大学出版社2009年版。

发展趋势和我国传媒业市场的整体情况和特点，设计了传媒集团战略管理的理论框架，并提出了传媒集团切实可行的战略发展路径。

到目前为止，有关我国媒介集团成长与发展方面的研究著作甚少，如何走进中国传媒体制改革内部、剖析媒介集团成长与发展问题的核心与可行性措施，还有待深入探讨和不断创新。

第四节　国内大数据与传媒业相关学术论文概述

如果说 2011 年最火爆的话题是“云计算”，那么 2012 年则非“大数据”莫属。“大数据”这一概念上过《纽约时报》《华尔街日报》的专栏、封面，成为各家网站的热点，现身互联网主题的讲座，写入经济咨询公司的投资报告，众多的 IT 行业已经开始发布自己的“大数据”战略。“大数据”概念的走红，使得“大数据”从一个技术名词逐渐变成一种社会热潮，甚至有媒体将 2013 年称为“大数据元年”。

近年来，我国大数据领域共有相关文献 1121 篇，整体呈平稳快速发展状态。产生之初，相关文献有明显的间断性，研究并未引起关注。2000 年前后，尤其是 2009 年之后，文献呈现陡然增长态势，研究热潮高涨，“大数据”逐渐成为当前的研究热点。我国大数据领域形成了较为稳定的核心发文机构，机构数量达到 30 个，发文量占论文总数的 30.69%。这些机构以高校科研院所为主，此外还包括众多企事业单位，尤以中国移动为典型，充分表明企业更加注重对数据价值的挖掘和利用；与之相比，该领域至今并未形成核心作者群，研究力量相对分散并且薄弱。同时，高产作者多半都来自核心发文机构。大数据领域的研究重点主要以“海量数据”为中心，而“大数据”这一语词并未凸显，充分表明在国内人们更习惯使用“海量数据”这个称谓。目前，对“海量数据”的研究主要围绕资源、服务、技术三方面。更加注重从海量、复杂、实时的大数据中发现知识、挖掘知识并创造价值，应用领域集中在物联网、数字城市和金融等方面，关键技术以云计算、MapReduce 以及 Hadoop 为重点。[①]

根据中国知网的期刊论文检索结果，在新闻传播学界关于大数据与传媒业研究的论文共有 5 篇，分别是中国人民大学新闻学院彭兰教授的《社会化媒体、移动终端、大数据：影响新闻生产的新技术因素》和《“大数据”时代：新闻业面临的新震荡》、清华大学新闻与传播学院陈昌凤教授的《“大数据”时代如何做新闻》、人民研究网的官建文、刘扬、刘振兴联合发表的《大数据时代对于传媒业意味着什么?》以及中国人民大学新闻学院喻国明教授和宋美杰发表的《微电影、大数据、三网融合：中国传媒业跨入新传播时代的门槛——社会视角下的 2012 中国传媒业关键词》。彭兰教授认为，传媒业也是受到大数据时代冲击的主要行业之一，大数据时代数据将成为新闻的核心资源之一，与数据有关的统计、分析与挖掘技术在新闻生产中的地位将越来越重要，而且对数据的呈现、分析和解读提出更高要求。[②]他阐述了大数据技术在一定程度上将对现有的新闻生产的模式与机制产生影响，这主要体现在：大数据技术渗透到新闻生产的核心环节，大数据技术重树新闻质量标杆，大数据技术进一步提升受众反馈的价值，大数据技术拓展用户分析广度与深度。在大数据技术等因素的推动下，新闻业务将实现一些方向性调整，如趋势预测性新闻和数据驱动型深度报道分量的增加，数据呈现、分析与解读能力的提高，新闻生产中跨界合作的增强。[③] 陈昌凤教授通过国外几家媒体的案例简要探讨了媒体如何进行数据挖掘和使用数据。[④] 官建文、刘扬、刘振兴则从媒体内容、媒体产品、媒体从业人员和媒体的舆

---

① 韩芳芳、范群、韩青青：《我国大数据领域研究论文的计量分析》，《图书馆学研究》2013 年第 8 期。

② 彭兰：《社会化媒体、移动终端、大数据：影响新闻生产的新技术因素》，《新闻界》2012 年第 16 期。

③ 彭兰：《“大数据”时代：新闻业面临的新震荡》，《编辑之友》2013 年第 1 期。

④ 陈昌凤：《“大数据”时代如何做新闻》，《新闻与写作》2013 年第 1 期。

论工具特性方面阐释了大数据时代对传媒业带来的挑战，认为大数据时代传媒要有强烈的数据意识，要改善传播方式和传播效果。[①] 2012 年，《传媒梦工场观察》对未来传媒格局的一个预测就是：没有大数据，免谈大媒体，认为未来的大媒体集团必然为拥有强大数据库支撑的平台型公司，而这样的平台型媒体公司在中国不会超过 10 家，它们可能来自互联网公司、传统媒体公司或者是从移动互联浪潮中成长起来的新新公司。[②]

相比 IT 和互联网业对“大数据”概念的火热追捧，传媒业对“大数据”的探讨相对要少很多，关于大数据时代媒介集团应如何应对，学界并没有相关探讨。以上这些搜索结果虽不包涵大数据与传媒业研究领域的所有研究成果，但至少包含目前所见资料中主要的、核心的研究进展情况。这些文献资料基本上可以反映出近几年来国内关于大数据与传媒业研究所探讨的主要论题域和研究态势进展。

第五节　国外大数据与传媒业相关学术论文概述

2012 年 3 月 29 日，美国奥巴马政府宣布推出《大数据研发倡议》。该倡议书涉及美国国家科学基金、美国国家卫生研究院、美国能源部、美国国防部、美国国防部高级研究计划局、美国地质勘探局 6 个联邦政府部门，承诺将投资两亿多美元，大力推动和改善与大数据相关的收集、组织和分析工具及技术，以推进从大量的、复杂的数据集合中获取知识和洞见的能力。美国奥巴马政府宣布投资大数据领域，是大数据从商业行为上升到国家战略的分水岭，表明

---

① 官建文、刘扬、刘振兴：《大数据时代对于传媒业意味着什么?》，《新闻战线》2013 年第 2 期。

② 喻国明、宋美杰：《微电影、大数据、三网融合：中国传媒业跨入新传播时代的门槛——社会化视角下的 2012 中国传媒业关键词》，《编辑之友》2013 年第 2 期。

大数据正式提升到战略层面，大数据在经济社会各个层面、各个领域都开始受到重视。[①]《大数据研发倡议》的出台，折射出美国长期以来抢占信息技术制高点、争夺未来大数据战略主动权的意图。此外，英国也提出了数字英国战略，将之作为英国长期发展的战略支柱；欧盟提出的到2015年的七个发展战略中就有数字化战略；韩国成立知识经济部，要求全面加大韩国信息技术研发、产业发展和应用推广的力度，为韩国应对危机和保持快速发展势头起到重要作用；新加坡制定了2015年智能国家战略，明确提出要依靠信息通信技术（ICT），将新加坡建设成全球的城市、智能的国家。可见，世界各国尤其是发达国家都在积极提升数据信息化水平，加快经济社会各领域的信息化发展步伐。

根据国际数据公司（IDC）监测，全球数据量大约每两年翻一番，这意味着人类在最近两年产生的数据量相当于之前产生的全部。这些信息中蕴含了大量有用的知识，通过有效的收集、分类和共享，并进一步完善、创新，可以得到一定的积累和继承。更重要的是，经过深度汇总分析将使人们行为和情绪的细节化测量成为可能。麻省理工学院斯隆管理学院的经济学教授埃里克·布吕诺尔夫松在《纽约时报》发表的一篇文章中认为，“大数据”发展趋势中所增加的大部分都是在自然环境下产生的，如网络言论、图片以及视频等不受控制的内容都为“非结构化数据”，通常不能为传统的数据库所用。布吕诺尔夫松进一步指出，在商业、经济及其他领域中，决策行为将日益基于数据和分析，而非经验和直觉。据他及其两名同事去年发表的研究报告显示，通过对179家大型公司进行研究，发现那些采用“数据驱动型决策”模式的公司能将其生产力提高5%到6%，这种生产力的提高是很难用其他因素来解释的。数据指导下的管理活动正在美国企业界中蔓延开来。

---

① 《赛迪智库软件与信息服务研究所》，美国将发展大数据提升到战略层面，http：//yjs. cena. com. cn/a/2012－07－17/134248634569798. shtml。

因此，哈佛大学社会学教授加里·金说过，“大数据”就是一场革命，“庞大的数据资源使得各个领域开始了量化进程，无论学术界、商界还是政府，所有领域都将开始这种进程”①。大数据时代的来临已不可逆转，如何智能化收集数据、整合化运用数据，是我们面对的重要课题。

目前，国外关于“大数据”与传媒业的学术论文探讨较多的主题是大数据与社交媒介、数字媒介、媒介研究、市场价值挖掘、信息安全等的相互关系与影响以及大数据研究方法等，论文发表时间主要集中在2012年和2013年，相关的学者与论文主要概述如下。

Kelly Liyakasa在《大数据分析有助于提高信息安全》② 中，探讨了利用大数据分析来预防欺诈和提高信息安全的重要性。大数据主要来源于社交媒介、博客、视频、GPS记录、移动设备、电子邮件、音频和网络数据。据估计，当今全球90%的数据是在过去两年中产生的，平均每天产生2500万兆兆字节的数据。大数据分析可以带来商业利益，同时也有数据存储成本，为了平衡这两者之间的利弊，机构单位需要定期检阅和查看所收集的数据，考虑是否需要保存数据、需要保存多久、应该将数据保存在哪里以及如何保存等问题。Danah Boyd和Kate Crawford在《大数据的关键问题》③ 一文中提到，大数据时代已来临，计算机科学家、物理学家、经济学家、数学家、政治学家、生物信息学家、社会学家以及其他学者都纷纷喧嚣着要进入由人类、事件以及这两者之间的互动所产生的庞大信息世界。现在有不少学者和机构单位研究社交媒介互动、健康记录、通话记录、政府文档记录以及人类留下的其他数字痕迹等，但不同

---

① 汇海：《“大数据”时代来临》，《信息化建设》2012年第9期。

② Kelly Liyakasa. Big Data Analytics Can Help Improve Information Security. *CRM Magazine*. Nov. 2012, Vol. 16, Issue 11, p. 11.

③ Danah Boyd, Kate Crawford. Critical Questions for Big Data. Information, Communication & Society. Jun. 2012, Vol. 15, Issue 5, pp. 662－679.

的团体对这种研究所存在的潜在利益与成本有着不同的看法，这导致一些问题的产生。比如，大规模的搜索数据是能够帮助我们开发出更好的工具、服务和公共产品，还是将带来一次隐私侵犯和侵袭性行销的新浪潮？大数据分析是帮助我们了解在线社区和政治运动，还是用来跟踪抗议者和压制言论？大数据是改变我们研究人类传播与文化的方式，还是使研究更加受到局限并且改变了研究的意义？在大数据兴起已成为一种社会和技术现象的情况下，作者认为有必要批判性地审视有关大数据的一些观点和偏见。作者根据技术、分析以及激起广泛的乌托邦和反乌托邦修辞的神话三者之间的相互作用关系，提出了大数据对文化、技术、学术环境提出的6项挑战：（1）大数据对“知识”的定义提出挑战；（2）大数据所声称的客观性和准确性具有误导性；（3）更大的数据未必是更好的数据；（4）如果脱离大数据的语境而断章取义，大数据将失去意义；（5）数据虽可获得，但未必符合伦理道德规范；（6）大数据不是每个人都能获得，大数据导致新的数据沟。

2013年1月21日的《媒介行业通讯》① 中，Steve Smith在《数字媒介文本非昔日之模样：大数据对旧媒介的大影响》一文中指出，人们已发现数据所扮演角色的转变，数据替代媒介成为聚集受众的关键要素。发现目标对象，即合适的人，并在合适的时间为其提供合适的内容，是面对数据时代最需要解决的重要问题。Anne Millage在《从流行词变为现实》② 中，阐述了2013年大数据的影响。文中提到，根据IBM商业价值研究院的报告，鉴于大数据对全球经济一体化商业贸易的深刻影响，大数据已经成为商业的重中之重。大数据包括庞大的数据、社交媒介分析、下一代数据管理能力、实时数据，等等。大数据除了提供长期业务挑战之解决方案，还不断激发

① Media Industry Newsletter. 1/21/2013, Vol. 66, Issue 3, p. 3.

② Anne Millage, From Buzzword to Reality. Internal Auditor. Feb. 2013, Vol. 70, Issue 1, p. 7.

新的方法来改变工作流程、组织机构、整个行业甚至社会本身。Merja Mahrtl 和 Michael Scharkow 在《大数据在数字媒介研究中的价值》[1] 中探讨了大数据分析方法及其在数字媒介研究中的适用性与有用性，认为研究者需要考虑的是，超大量数据的分析从理论上来说是否合理，比如是否在有效性和范围上存在缺陷。他们认为，如果使用合理的采样、测量和分析程序，那么对传播内容或用户行为所进行的小规模的分析研究也能得出有意义、有参考价值的结论。Seth C. Lewis、Rodrigo Zamith 和 Alfred Hermida 在《大数据时代的内容分析：一种电脑计算与手工技术相结合的混合法》[2] 中，认为庞大的传播数据对传统的内容分析的人工方法提出了挑战，相比之下，电脑计算可以较好地解决这些问题，但仅靠电脑计算仍然不够。他们认为，在内容分析过程中，要认真地将电脑计算与手工方法相结合，才能产生更好的结果，既能保留传统方法的优点（即系统严密性和语境敏感性），又能最大地发挥电脑计算的规模性功能。Rob Procter、Farida Vis 和 Alex Voss 在其《看推特暴乱：大数据分析的方法论创新》[3] 中指出，对社会科学家来说，社会媒介的广泛采用既是机遇又是挑战。如今，人们的习惯、观点和行为等数据比以往任何时候都更容易收集，但这也意味着使用传统的方法论和工具是不可能分析这些数据的。作者在文中提出了一种计算机辅助方法论来分析 2011 年 8 月的英国骚乱期间所发的大量推文。Lee Chung-Hong 和 Chien Tzan-Feng 在《通过密度聚类方法利用微博大数据来考察事件

① Merja Mahrtl, Michael Scharkow. The Value of Big Data in Digital Media Research. Journal of Broadcasting & Electronic Media. Mar. 2013, Vol. 57, Issue 1, pp. 20－33.

② Seth C. Lewis, Rodrigo Zamith, Alfred Hermida. Content Analysis in an Era of Big Data: A Hybrid Approach to Computational and Manual Methods. Journal of Broadcasting & Electronic Media. Mar. 2013, Vol. 57, Issue 1, pp. 34－52.

③ Rob Procter, Farida Vis, Alex Voss. Reading the Riots on Twitter: Methodological Innovation for the Analysis of Big Data. International Journal of Social Research Methodology. May. 2013, Vol. 16, Issue 3, pp. 197－214.

关注度和话题排名》[①] 中提出，尽管不同学者或团体对社交媒介大数据所带来的潜在的真正价值仍抱有不同看法，但是大数据爆炸时代已经来临已成为毋庸置疑的事实。大数据爆炸时代的到来推动了一股新的以数据为中心媒介应用的发展。大数据之所以引人关注，不仅是因为它的“大”，而且是因为它与其他数据的相关性。过去，因为获得大数据的途径有限，研究人员几乎没有数据资源来开发高级数据应用，比如监测刚刚发生的实时事件等。事实上，社交媒介极大地影响着大数据的成长，大数据为众多企业提供能够帮助他们更好地理解和发现市场需求的数据资料。微博就是这样一种社会网络服务，它能够聚集信息，探测出事实和未知的知识。如今，人们经常从微博中的信息来试图寻找实时的热门新闻和热门话题，满足他们的信息需求。在这种情况下，所谓的实时需求就是找到一种途径，让用户可以将庞大数量的微博信息组织成可理解的事件。作者在文中通过在线文本流聚类方法，即使用密度聚类方法，利用所收集的微博大数据来分析事件关注度和话题排名。这一方法系统的核心包括三个技术组成部分，即动态词条权重、附近生成算法和在线密度聚类技术。系统收集了所检测的事件话题后，通过先进的话题排名算法，系统推荐出优先级事件信息，帮助人们有效地组织新近事件数据。Rebecca Eynon 在《大数据的兴起对教育、科技、和媒介研究意味着什么?》[②] 一文中，探讨大数据话题和大数据规模及其在教育、科技和媒介研究领域的应用，分析大数据在教育系统改进中的潜在应用性。他认为大数据应用面临三大挑战，即伦理因素、确保某一研究是否能够利用大数据来进行以及大数据强化过程中所造成的不平等问题。Eleanor Mcdonnell Feit、Wang Pengyuan、Eric T. Bradlow

① Lee Chung-Hong, Chien Tzan-Feng. Leveraging Microblogging Big Data with a Modified Density-Based Clustering Approach for Event Awareness and Topic Ranking. Journal of Information Science. Aug. 2013, Vol. 39, Issue 4, pp. 523－543.

② Rebecca Eynon. The Rise of Big Data: What Does it Mean for Education, Technology, and Media Research? Learning, Media & Technology. Sep. 2013, Vol. 38, Issue 3, pp. 237－240.

和 Peter S. Fader 在《将综合数据和个体数据应用于跨平台媒介消费》[①] 一文中认为，随着“媒介接触点”的日益丰富，公司可以从前所未有的大量媒介中收集到越来越多的客户数据，但同时也遇到一些研究方法的挑战。有些公司常常从各式各样的平台上收集聚合程度不一样的各种数据，但在融合这些数据资源，从中得出有意义的东西，以便了解客户的行为模式方面却不知道该怎样做。作者在文中提出了一种贝叶斯数据融合法，即结合个人使用数据（这些数据大部分可以在数字平台上获得）和一定时间段内的综合媒介使用数据（主要是传统平台，比如电视的总收视率数据等）。公司在已获得的数据基础上，可以利用这种方法分析出用户跨平台媒介使用模式，了解不同平台之间的相互关系（比如用户可能会在不同的日子里使用不同的媒介平台），也可以从中了解到用户之间相互关系（比如在一定时间段内，有些是轻度媒介平台使用者，有些是重度媒介平台使用者）。作者认为这种分析方法还可以运用于市场营销，帮助企业了解在线销售和实体销售行为之间的相互作用。

Jean Burgess、Axel Bruns 和 Larissa Hjorth 在《数字媒介研究新方法概述》[②] 一文中，对截至 2013 年 1 月的与数字媒介研究方法相关的论文进行了总结，介绍了数字媒介研究领域中倡导、反映或批判当前研究方法趋势的七篇论文，包括全球媒介研究、大数据在数字媒介研究中的作用以及数字人文学等。这些论文涉及的范围包括数字人文学新浪潮的出现（Niels Brügger，Niels Ole Finnemann）、媒介考古学——数字媒介研究新方法的潜力（Frédérik Lesage）、语言在研究中的作用（Randolph Kluver，Heidi A. Campbell，Stephen Bal-

---

① Eleanor Mcdonnell Feit，Wang Pengyuan，Eric T. Bradlow，Peter S. Fader. Fusing Aggregate and Disaggregate Data with an Application to Multiplatform Media Consumption. Journal of Marketing Research（JMR）. Jun. 2013，Vol. 50，Issue 3，pp. 348 – 364.

② Jean Burgess，Axel Bruns，Larissa Hjorth. Emerging Methods for Digital Media Research：An Introduction. Journal of Broadcasting & Electronic Media. Mar. 2013，Vol. 57，Issue 1，pp. 1 – 3.

four)、大数据影响内容分析的途径与方式（Seth C. Lewis，Rodrigo Zamith，Alfred Hermida）、数字媒介研究方法（Seth C. Lewis，Rodrigo Zamith，Alfred Hermida）、社区媒介档案的政策研究潜力（Nicole Matthews，Naomi Sunderland）。作者认为，数字媒介研究方法这一话题首先是由 Randolph Kluver、Heidi A. Campbell 和 Stephen Balfour 的研究开始的，他们在《语言与研究局限：跨国媒介研究中的媒介监测技术》一文中提出，数据研究未能像日益跨国化的文本那样快速地发展，仍然主要关注西方媒介，以为西方媒介就代表着全球媒介。大数据常常能够从数字媒介使用中抽取不少有关文化、社会和语言的细微差别的数据，因此，有一部分学者开始探索跨学科的研究方法，比如“种族挖掘法”利用民族志学来批评大数据（Anderson et al.，2009），或将数字媒介当作复杂的、动态的日常生活的一部分来研究（Coleman，2010）。Merja Mahrtl 和 Michael Scharkow 则在《大数据在数字媒介研究中的价值》一文中关注在研究过程的不同阶段使用大数据所带来的结果，认为将大数据方法与常用的、人工的传统定性和定量方法结合起来使用会产生更好的研究效果。Seth C Lewis、Rodrigo Zamith 和 Alfred Hermida 在《大数据时代的内容分析：一种电脑计算与手工技术相结合的混合法》中提到，人们可以用电脑与人工相结合的方法来研究媒介内容，因此，这种混合法具有系统性、严密性和语境敏感性。之后，Anne Galloway 在《应急媒介技术、预测、期望、人际关系与非人际关系》一文中，将应急媒介技术置于充满人际与非人际交往的文化过程中来考察社会学在应急媒介技术中所发挥的作用。Anne Galloway 在此主要研究了在媒介实践过程中常被人忽略的“预测”与“期望”以及人们对未来的假想是怎么产生的。Niels Brügger 和 Niels Ole Finnemann 在《网络与数字人文学：理论与方法问题》一文中认为有必要利用数字人文学从社会、时间和空间三个方面来理解网络。他们用实时网络档案个案研究（是对网文的动态描述，而不仅仅是研究某篇曾在网上发布过的文章）的方法揭示他们的观点，认为当前的数字人文学在捕获数字媒介的流动信息结构的能力方面仍存在局限性。Frédérik Lesage 在其《文化传记与媒介挖掘：语境与过程》一文中赞赏这一观点，认为这一观点让人们注意到了一些相关的领域，比如软件研究、文化分析和媒介考古学。Lesage 赞成用“文化传记法”将软件作为媒介对象来研究。Nicole Matthews 和 Naomi Sunderland 在《数字化个人生活叙事的数据对政策决策者和执行者的作用：对庞大跨媒介定性数据集的方法论思考》一文中探讨网络社区上数字媒介所记载个人生活叙事对强化公共领域中边缘化声音的作用。这篇文章显示，如今已有很多这种故事发布工具①，因此对这些叙事进行研究也具有较大潜力，但是，目前仍然缺乏从政治、伦理和研究方法等方面将这些潜力有效利用于社会政策决策领域。

本章小结

本章概括了国内外关于传媒经济学、大数据、媒介集团成长与发展方面的著作文献情况，以及国内外发表的关于大数据与传媒业的学术论文概况。在传媒经济学著作文献方面，美国走在最前列，有关传媒经济学的著作以美国传媒经济学派的论著为主，这些论著主要以美国商业化媒体实务操作为主线。我国的传媒经济学研究主要在新闻传播学界和业界展开，从 1978 年党的十一届三中全会后有关传媒经营的学术研究逐渐开始，到目前中国传媒经济学的研究有了较大的发展。在大数据著作文献方面，国内外主要从近两年开始出现著作井喷的状况。之所以出现这种学术研究高涨的现象，其中一个重要的原因就是因为大数据在经济、政治、社会、文化、军事

① 笔者注：这种叙事工具就像腾讯 QQ 空间里的“时光轴”，它可以让人们将以往和现在的生活点滴、观点想法等记录下来，可以设定阅读权限决定是否让别人阅读自己的叙事，还可以回到从前去对以前所写的叙事进行修改。

等领域所潜藏的巨大价值，引起了各行各业的高度关注。在国内媒介集团成长与发展研究的著作文献方面，朱春阳和郭全中的著作对中国传媒集团的成长与发展问题进行了比较具体、切实的分析。在"大数据"与传媒业的学术论文研究方面，本章通过对国内外的有关论文情况进行的梳理，勾勒出国内外学界对大数据与传媒业研究的关注热点。在国内，2000年前后，尤其是2009年之后，相关论文呈现陡然增长态势，研究热潮高涨，"大数据"逐渐成为当前的研究热点。我国大数据领域形成了较为稳定的核心发文机构，主要是高校科研院和众多电信业和网络业的企事业单位，充分表明了企业更加注重对数据价值的挖掘和利用，但是，该领域至今并未形成核心作者群，研究力量相对分散并且薄弱。在国外，主要探讨大数据与社交媒介的关系，重视大数据与社交媒介、数字媒介、媒介研究、市场价值挖掘、信息安全等的相互关系与影响以及大数据分析的方法等研究主题。

第三章　大数据时代传媒业的新态势

据全球专业调研公司——国际数据公司 IDC 的预计，大数据市场规模将从 2010 年的 32 亿美元增长至 2015 年的 169 亿美元，年复合增长率将高达 40%。目前，随着电信运营商日益向信息传播技术（ICT）解决方案这一业务的拓展，预计大数据业务未来会受到越来越多电信运营商的重视。西班牙电信公司（Telefonica）2012 年已成立了大数据业务部门，希望借此深挖移动网络、机对机（M2M）领域的商机。大数据业务部门面向全球运营，主要目标客户为企业和公共事业部门，其将为客户提供信息和分析打包业务，帮助客户把握重大的变化趋势。为帮助大数据业务部门开展业务，西班牙电信已经同市场调研公司 GfK 建立了合作，以此获得德国、英国和巴西等市场的相关数据。

关于不同企业对大数据的看法，IBM 中国商业价值研究院院长甘绮翠在 IBM 的 Big Data @ Work 调研结果基础上得出以下五个共同观点：（1）客户分析推动大数据举措。以客户为中心的目标是大数据的首要任务，大数据有能力更好地了解和预测客户行为，并因此而改善客户体验。（2）大数据依赖于可伸缩和可扩展的信息基础设施。（3）最初的大数据举措注重从内部数据源中获得洞察力。这表明企业在采用大数据战略是采用了实用的方法，同时也表明，有大量未开发的价值依然隐含在内部系统中。（4）大数据需要强大的分析能力来处理结构化数据。除了获取更多的不同种类的数据，企业还需要强大的分析能力，包括软件工具和使用这些工具的必备技能。(5) 新兴的大数据采用模式注重提供可衡量的业务价值。根据目前大数据在企业中的应用程度，可将大数据的采用分为教育（建立知识库——24%的受访者）、探索（定义业务投资回报分析和发展路线图——47%的受访者）、接触（拥抱大数据——22%的受访者）和执行（大规模实施大数据——6%的受访者）四个阶段。总之，数据不再是辅助支持决策的东西，而是在制定该决策时的关键要素。[①]

目前，与IT、互联网和电信这些行业相比，传媒业对大数据的研究相对较少。但是，大数据给传媒业带来的冲击和影响无非也是巨大的，在此有必要对大数据时代传媒业的新态势有充分的认识。

第一节　大数据时代的传播特点

近二十年来，传播技术的发展引起人们生活方式和思维方式的重大变革。从获取新闻和信息的方式到寻求娱乐的手段，从人际交流到社会参与的过程，从日常购物的形式到与政府互动的平台，无不处于不断的变化之中。互联网的发展、移动媒体的普及以及传播内容、渠道和终端的多样化，带动了这场深刻的变革。新的传播技术和媒介形态，极大地降低了信息传播的成本，提高了信息交流的速度，拓宽了信息扩散的范围。新的传播技术和媒介形态大大提高了媒介用户的自主选择权，同时，这些数字媒介能够随时记录用户的使用行为。每位用户跨媒体的使用行为积累并整合起来，就是一个庞大的数据库，对这些数据进行分析和整理，可以增加对用户需求和使用行为的理解，从而使媒介能够更好地服务用户。

为什么我们会进入大数据时代？有三点很重要的因素：第一，近年来信息技术的发展和企业信息化的建设产生了很多用户交易数

① 甘绮翠：《大数据能力的关键要素》，《销售与市场》（管理版）2013年第2期。

据。第二，因为互联网，尤其是社交化媒体的兴起，累积了很多用户在网上的行为数据、关系数据、UGC（用户产生的内容）。第三，无线互联网的使用产生了大量位置数据，通过这些数据可以知道用户在什么地方、做了什么、买了什么。这些信息都成为大数据的来源。

大数据时代将呈现出以下传播特点。

一　传播的数字化、智能化和网络化

大数据时代，无论是企业、政府、学校、社会团体或个人，无论是业务活动交往还是个人信息交流，都开始在全球范围内实现数字化基础上的网络化和智能化，其目的是保证更加快速、方便和准确的信息生产、传递、储存和利用。这种传播的数字化（digitization）、智能化（intelligentization）和网络化（networkedness）是传播技术和传播媒介发展的结果，其最终目的是提高政府、企业和个人的信息传播效率，从而提高政府和企业的生产效率、降低业务活动成本，即在数字化、智能化和网络化的基础上，对政府和企业的业务流进行重新设计或改造，并在此基础上对政府和企业进行改组和重构，以求在全球范围内实现资源的最优配置和利用，取得竞争的优势。

数字化、智能化和网络化将是大数据时代重要的竞争力要素之一。没有数字化、智能化和网络化的企业是一个没有竞争力的企业，没有数字化、智能化和网络化的政府是一个没有竞争力的政府，没有数字化、智能化和网络化的国家是一个没有竞争力的国家。一个企业或单位如果没有其在数字化、智能化和网络化的世界中的存在，将不会有其在物理的、现实的世界中的存在。①

美国未来学家尼葛洛·庞帝在《数字化生存》一书中指出，信

① 周宏仁：《信息化概论》，电子工业出版社2009年版，第109页。

息技术的发展改变了人类的学习方式、工作方式、娱乐方式，换句话说，信息技术的发展改变了人们的生存方式，数字化深深影响到我们每一个人的生活。传媒业受到信息技术发展的影响，不仅表现在各类传统媒体的数字化转变速度加快（如报纸的网络版和手机报等），还表现在媒介内容制作过程和传播过程的数字化（如传统电影向数字电影发展，广播正进入数字音频广播新阶段，电视迈向数字高清电视机数字压缩卫星直播电视）以及数字新媒介传播工具的不断呈现（如网络电视、手机电视等）。在数字化的基础上，传播变得日益网络化和智能化。这种数字化、网络化和智能化使得以往泾渭分明的信息业、计算机业、电信业、大众传媒业、互联网业等领域之间的联系日益紧密，彼此之间相互渗透与融合的程度大大加深。

二 重视知识经济与知识管理

传播的数字化、智能化和网络化符合大数据时代知识经济与知识管理的要求。信息革命的发展导致知识经济的诞生，21 世纪是一个以知识经济为主导型经济形态的时代，知识管理的重要性日益突出。

所谓知识经济，是在信息革命的推动下建立在知识和信息的生产、分配和使用基础上的经济，是以知识、智力等无形资产投入为主的、以知识决策为导向的经济，它是和农业经济、工业经济相对应的一个概念。知识经济理论最早起源于美国加州大学教授保罗·罗默 1983 年提出的“新经济增长理论”，他认为知识是一个重要的生产要素，它可以提高投资的收益。“新经济增长理论”的提出，标志着知识经济在理论上的初步形成。但是，知识经济作为一种经济产业形态的确立，其主要标志是以美国微软公司总裁比尔·盖茨为代表的软件知识产业的兴起。盖茨的主要产品是软盘及软盘中包含的知识，正是这些知识的广泛应用打开了计算机应用的大门，微软公司的产值已超过美国三大汽车公司产值的总和。美国经济增长的主要源泉就是5000家软件公司，它们对世界经济的贡献不亚于名列前茅的500家世界大公司。所有这些表明，在现代社会生产中，知识已成为生产要素中一个最重要的组成部分。

在知识经济中，科学决策的宏观调控作用将日渐增强。科学的决策依赖于知识，知识来源于信息，信息是数据所反映的内容。因此知识的转换过程是[①]：现实中的事件经描述后成为数据，数据经分析并应用与目标决策中成为信息，信息经过学习并提高人的经验融入战略政策中最终转换为知识。知识有两种类型——显性知识和隐性知识。显性知识是可以通过正常的语言方式传播的知识；隐性知识是个人或组织经过长期积累而拥有的知识，通常不易用言语表达或难以传播。隐性知识和显性知识是可以相互转化的，转化的过程也就是知识的创新过程。日本学者野中郁次郎提出了组织中知识创新的四种基本模式[②]：从隐性到隐性、从显性到显性、从隐性到显性、从显性到隐性。

为了更好地发挥知识的作用，必须做好知识管理。知识管理是计算机处理内容的一个高级发展阶段。与主机阶段、微机加局域网阶段和互联网阶段这三个现代信息技术发展阶段相对应，计算机处理的内容也经历了三个发展阶段，即数据管理、信息管理和知识管理。[③] 数据管理主要包括数据采集、存储（数据库管理）、分析计算、检索和利用等。信息管理是从数据中提炼出对管理有用的信息，在管理信息系统发展的基础上，决策支持系统也得到了较快的发展。而信息管理走向知识管理则是由用户需求决定的。早期的数据管理主要是在操作层面上实现计算机化，而后的信息管理是解决管理层需要的。随着互联网的快速发展以及互联网信息资源的爆炸式增长，如何充分利用这些信息资源来提高竞争力，对企业的发展显得尤为

---

① 孙建军主编：《信息资源管理概论》，东南大学出版社2008年版，第232页。

② 同上书，第236—237页。

③ 周宏仁：《信息化概论》，电子工业出版社2009年版，第26、36页。

关键，于是知识管理应运而生。知识管理是汇集、编辑、使用和再汇集、再编辑、再使用各种信息、经验和专门技术的过程。知识管理就是把信息变为知识，把知识变为行动（决策），把行动变为利润。知识管理可以更有效地提高决策支持，帮助企业抓住机遇。知识管理对科学决策和经济发展的作用将日益突出。

随着信息时代的来临，一方面知识的生产量急剧增长，另一方面知识与技术老化的节奏加快。根据联合国教科文组织统计，人类近50年来积累的科学知识是人类有史以来积累的科学知识总量的90%。詹姆斯·马丁（James Martin）曾经预测，人类的知识总量在19世纪是每50年翻一番，20世纪初是每10年翻一番。1998年，美国前总统在其国情咨文中曾提到，目前人类的全部知识大约每5年翻一番。与此同时，知识的平均老化周期从18世纪的80—90年缩短为20世纪末的5—10年。[①] 在这种情形下，如何有效地更新和获取新的知识，对于个人、企业、政府乃至整个社会都是至关重要的。但是，20世纪90年代以来互联网的飞速发展、数百万的网站和数据库的开放、上百亿的网页和几千亿的网上文件所形成的信息爆炸使人们淹没在信息的海洋中，于是，如何有效地利用数据、信息、知识来创造财富，成为大数据时代面临的一个重要问题。

在大数据时代，知识管理在帮助个人或组织充分利用智力和知识资产创造价值的同时，也成为个人或组织变革和学习的驱动器。知识管理是个人和集体创造和共享各种信息，以满足各种专门业务要求的需要。在一个以知识为主导的经济中要取得竞争优势，必须懂得如何有效利用海量的数据和信息资源，把数据和信息变为知识，把知识变为财富。

三　传播语境的碎片化与信息内容的混杂化

大数据时代，庞大数据的产生和堆积将使传播语境更加碎片化、

---

① 周宏仁：《信息化概论》，电子工业出版社2009年版，第283页。

信息内容更加混杂化。传播语境的碎片化现象之前就已经存在，它与“信息茧”理论和社会结构的“马赛克化”现象有着千丝万缕的联系。凯斯·桑斯坦[1]在其《网络共和国》一书中提出了“个人日报（daily me）”现象。他认为，在互联网时代，随着网络技术的发达和网络信息的剧增，人们能够在海量的信息中随意选择其关注的话题，完全可以根据自己的喜好定制报纸和杂志，每个人都拥有为自己量身订制一份个人日报（daily me）的可能。这种“个人日报”式的信息选择行为会导致网络茧的形成。当个人长期禁锢在自己所建构的信息茧中，其生活逐渐呈现出一种定式化、程序化的样式。长期处于过度的自主选择中，沉浸在个人日报的满足中，失去了解不同事物的能力和接触机会，不知不觉间为自己制造了一个信息茧。

这种“作茧效应（cocooning）”早在20世纪90年代就开始显现，在数字信息时代，这种作茧效应甚至会变得更加显著。一方面，随着媒介技术的飞快发展，所产生的信息数量越来越庞大，人们会习惯性地在海量信息中去寻找那些自己感兴趣的内容，而对自己不感兴趣的内容则较少关注或者不去关注；另一方面，由于大众媒介越来越多地满足更为专业的受众的需求，因此越来越多的杂志、报纸、广播、电视等都定位于目标高度明确的小受众群体，换句话说，媒介也日益引导个人接触更具有选择性的内容。在这种趋势下，会导致信息消费者被分化为越来越小的、与社会其他部分没有什么共同点的兴趣群体。在作茧效应的影响下，人们只让那些他们觉得自在、有吸引力或可接受的政治或社会信息来包围自己，从而形成不同的“茧房”，导致传播语境的碎片化。

传播语境的碎片化还与社会结构的“马赛克化”现象相关联。所谓社会结构“马赛克化”，是指社会中的群体以政治、文化、经济等各种要素被分割成不同的单元，不同单元的个体形成一个个特殊

① ［美］凯斯·桑斯坦：《网络共和国》，黄维明译，上海人民出版社2003年版。

的利益和价值群落，享受着不同的经济社会政策，促成了他们与单元外的人相互割裂和对立。社会结构“马赛克化”是信息相对封闭的产物。相对封闭的信息又反过来使人们无法快速、有效地与外界沟通，继而形成“马赛克化”的社会结构格局。这种社会结构导致不同群体间的信息相对隔绝，形成传播语境的碎片化。

大数据时代，庞大的数据信息的产生以及受众的日益分化，将进一步提高这种传播语境的碎片化程度。在传播语境日益碎片化的同时，传播的内容将日益混杂化。传播语境越碎片化，传播内容也就越差异化，因此，在我们面前呈现出的，是一个信息内容越来越混杂化的传播图景。另外，各种新的媒体形式的出现和使用、各种终端产品的广泛覆盖，加上社交媒介的便捷性、网络信息传播的无障碍性和极端自由化，也使得传播内容出现前所未有的丰富性和混杂性。现代社会所传播的信息数量极为丰富，而且信息内容极其复杂，有“信息海洋”之说。互联网尤其是移动互联网的发展，加快了信息化向社会、经济、文化以及大众日常生活的渗透。据估计，全世界每天约有近百亿个信息单元的信息量在传递，并以每年递增15%—20%的速度发展。还有资料显示，全网流量累计达到1EB（即10亿GB或1000PB）的时间在2001年是一年，在2004年是一个月，在2007年是一周，而2013年仅需一天，即一天产生的信息量就可刻满1.88亿张DVD光盘。这些传播数据存在于各行各业，如淘宝网站每天有超过数千万笔交易，单日数据产生量超过50TB（1TB等于1000GB），存储量达40PB（1PB等于1000TB）①。此外，超市每天产生大量的售货记录，银行每天存有大量的交易记录，气象卫星在扫描地球的过程中产生大量的数据，搜索引擎上每天产生大量的查询记录，电信公司每天存储大量的手机用户的使用情况记录，等等，大量的信息通过互联网上的某个节点每时每刻都在不停

① 孙兴杰：《“棱镜门”：大数据时代的公民与政府》，《理论导报》2013年第7期。

地传递着。

在信息时代，这些纷繁混杂的信息数据越多，我们越能从中发现某些现象之间的相关性。也就是说，我们掌握的信息数据越多，就能够更好地理解这个世界，能够更好地进行预测。混杂性虽然丢失了一些精确性，但却让我们更接近事物的全貌。维克托·迈尔-舍恩伯格[①]说，执迷于精确性是信息缺乏时代和模拟时代的产物，因为只有5%的数据是结构化且能够适用于传统数据库的。如果不接受混杂性，剩下的95%的非结构化数据都无法被利用，只有接受不精确性、接受混杂性，我们才能打开一扇从未涉足的世界的窗户。

四 长尾效应增强

长尾效应（Long Tail Effect）的概念源于美国学者克里斯·安德森。克里斯·安德森在其《长尾理论》[②]一书中最早提出了长尾（Long Tail）理论，这是网络时代兴起的一种新理论。克里斯·安德森认为，商业和文化的未来不在于传统需求曲线上那个代表“畅销商品”的头部，而是那条代表“冷门商品”的经常被人遗忘的长尾。长尾理论的基本原理是：只要存储和流通的渠道足够大，需求不旺或销量不佳的产品所共同占据的市场份额可以和那些少数热销产品所占据的市场份额相匹敌甚至更大，即众多小市场汇聚成可与主流大市场相匹敌的市场能量。“头”（Head）和“尾”（Tail）是两个统计学名词。正态曲线中间凸起的部分叫“头”，两边相对平缓的部分叫“尾”。从人们需求的角度来看，大多数的需求会集中在头部，这部分可以称之为流行；分布在尾部的需求是个性化的，零散的小量的需求，这部分差异化的、少量的需求会在需求曲线上面形成一条长长的“尾巴”。所谓长尾效应就在于它的数量上，将所有非流行

---

① ［英］维克托·迈尔-舍恩伯格、肯尼思·库克耶：《大数据时代》，盛杨燕、周涛译，浙江人民出版社2013年版，第45页。

② ［美］克里斯·安德森：《长尾理论》，乔江涛、石晓燕译，中信出版社2006年版。

的市场累加起来就会形成一个比流行市场还大的市场。

长尾效应的根本就是强调“个性化”，“客户力量”和“小利润大市场”，也就是要赚很少的钱，但是要赚很多人的钱。要将市场细分到很细很小的时候，然后就会发现这些细小市场的累计会带来明显的长尾效应。以图书为例：全球图书商巨头 Barnes & Noble 公司的平均上架书目为 13 万种，但是，世界最大的网上书店亚马逊公司（Amazon）有超过一半的销售量是来自于这 13 万种图书之外的其他图书。如果以 Amazon 的统计数据为依据的话，这就意味着那些不在一般书店里出售的图书要比那些摆在书店书架上的图书形成的市场更大。也就是说，如果我们能够摆脱资源稀缺的限制，潜在的图书市场将至少是目前的两倍大。可见，最大的财富常常孕育于最小的销售。长尾效应所追求的就是差异化优势，以差异化策略开拓长尾市场，并通过开发长尾产品、拓展长尾市场、挖掘长尾终端来实现产品差异化、市场差异化和渠道差异化。

与长尾理论相对应的是二八定律。二八定律又被称为巴莱多定律，最早是在 19 世纪末 20 世纪初由意大利经济学家巴莱多提出的。他认为，在任何一组东西中，最重要的部分只占 20%，其余 80% 尽管是多数，却是次要的。在组织管理中，集中精力抓好对这 20% 关键部分的管理，会促进 80% 效率的提高，因此称为二八定律①。在我们的工作和生活中普遍存在着这种二八现象：经济学家说，20% 的人手里掌握着 80% 的财富；社会学家说，20% 的人身上集中了人类 80% 的智慧，他们一生卓越；管理学家说，一个企业或一个组织往往是 20% 的人完成 80% 的工作任务，创造 80% 的财富。如果用二八定律和长尾理论来分析传媒业的话，那么，先前传统媒介所重视的是二八定律中的这个 80% 的部分，而新媒介所重视的是长尾理

① 《从管理学几个原理的视角来认识社会管理的基本理念》，http://blog.sina.cn/dpool/glog/v4new/article.php?nid=5105f1850100rjq3&PHPSESSID=7c0ca031c0b393964c33eb58312ac8a3&page=rest1。

论中的这些看似零散的细分市场和需求。

大数据时代，长尾效应更加不容忽视，其作用将会得到不断的加强。长尾理论作为一种新型的经济模式，在大数据时代将会发挥更大的作用。比如，Google 就有效地利用了长尾策略。Google 的 Adwords 广告使得无数中小企业都能自如投放网络广告，而传统的网络广告投放只是大企业才能涉足的领域。其 Adsense 广告又使得大批中小网站都能自动获得广告商投放广告。Adwords 和 Adsense 因此汇聚成千上万的中小企业和中小网站，其产生的巨大价值和市场能量足以抗衡传统网络广告市场。如果 Google 只是将市场的注意力放在20%的大企业身上（像许多门户网站的网络广告策略那样），那么也很难创造现在的辉煌了。同样，网上零售巨人亚马逊的商品包罗万象，而不仅仅是那些可以创造高利润的少数商品，结果证明，亚马逊模式是成功的，而那些忽视长尾，仅仅关注少数畅销商品的网站经营状况并不理想。

总之，随着大数据时代传播语境日益碎片化和传播内容日益混杂化，长尾理论作为一种新型的经济模式，在大数据时代将会发挥更大的作用。因此，媒介公司应该更加重视“长尾理论”。重视“长尾理论”，就是要低成本、大规模、高质量地满足消费者的个性化需求，将大规模制作信息转变为大规模定制信息，为广大消费者提供不同的个性服务。

五　信息传播的新趋势

大数据时代，传统媒体已经不能满足人们的信息需求。肯·多科特[①]曾指出，21 世纪的第二个 10 年将成为数字媒体的 10 年，这将是一个包含着新生和消亡的混沌年代，大多数为数字新闻，也有一些印刷新闻产品。肯·多科特还总结出数字时代传媒经济学的 12 条

---

① ［美］肯·多科特：《传媒经济学——信息传播的 12 种新趋势》，何训、徐继华译，电子工业出版社 2011 年版。

法则，即信息传播的 12 种新趋势。可以说，这 12 条传媒经济学法则也是大数据时代信息传播的新特点，它们包括：（1）在新闻出版业自由竞争的年代，自己做编辑。在新闻泡沫中，新闻会自动出现在人们的生活中，而不再需要人们自己去寻找。人们有着众多的媒介选择，并逐渐成为自己或他人的编辑。（2）数字出版成为主导。少数的跨国、跨平台的数字媒体巨头将成为新闻出版业的主导力量，包括广播电视公司、有线电视公司、报社和网络媒体公司，这些公司的产品最终将会大同小异。（3）地方化：重新定位与重新建构。遭受网络变革冲击最为严重的那些新闻企业将对自己进行重新定位，缩减规模，更着力于地方化。同时，从城市新闻起步的新型媒体公司开始成长，与行业巨头竞争。（4）传统媒体面临冲击。以报社、广播电视公司为主体的传统媒体面临冲击，读者革命和广告革命为这个曾经稳定的行业带来了风暴。（5）借鉴他人：信息汇集、内容整合与分类。为用户提供经过整合、分类的新闻资讯，以满足各类细分受众的需求。（6）职业记者与业余新闻人并存。在传统新闻业中，读者是被动地接受由编辑们处理的新闻。现在，读者也逐渐成为新闻内容的创作者。（7）记者成为博客写手。用户创作的新闻内容和博客是改变我们所读到的新闻的两个重要因素，“普遍新闻”时代已成为过去。（8）寻找细分市场。大众新闻行将就木，特色主题新闻会越来越受到欢迎，如商业新闻、科技新闻、旅游咨询、体育新闻、医疗新闻以及政治新闻。（9）利用 10% 法则。科技打破了时空的限制，促使数字读者的出现和广告革命的产生，而正是这两者改变了新闻出版业。10% 法则即让机器做 90% 的道理简单但量大的重活，而人则利用自己的技巧、智慧和判断力来处理 10% 的工作量。这个 90：10 的比例不是严格不变的，而是因技术、公司和产品的不同而不同。（10）媒体要学会营销。博客等社交网站技术和数据等都可以成为不错的媒体营销手段。（11）记者的职责：着眼未来。新闻工作者从历史中学习，为了在这个行业中生存下去，他们不得不掌握多种技能和策略。报道、采访、编辑、协作这些基本技能依然重要，尽管它们所采取的形势正在发生变化，比如电子邮件采访、访问数据库、写作简洁网络文章等。此外，音频、视频、动画、读者互动及其他技术也是重要的辅助手段。(12) 跨越鸿沟。曾经拥有优势的传统新闻出版业与正在争夺优势的新兴媒体这两股力量之间正在形成鸿沟。随着数字新闻时代的开始，一些新闻工作者正在跨越这道鸿沟，而不是回到过去的老模式中。

第二节　大数据时代的媒介分析

在传播学中，媒介有两种基本含义，一是指传递信息的手段、方式或载体，如语言、文字、报纸、书刊、广播、电视、电话、电报、互联网等；二是指从事信息采集、加工、制作和传播的社会组织即传媒机构，如报社、出版社、电台、电视台等。这里所要分析的媒介是指第一层含义的作为传播工具、传播渠道和传播信息的载体。在大数据时代，媒介到底呈现出哪些新的特点和发展趋势呢？

一　媒介形态：旧媒介、新媒介与新新媒介

纽约福德姆大学教授保罗·莱文森（Paul Levinson）在其《新新媒介》一书中提出了当代媒介的“三分说”，即旧媒介、新媒介、新新媒介。保罗·莱文森认为，互联网诞生之前的一切媒介都是旧媒介（old media），它们是空间和时间定为不变的媒介，比如书籍、报刊、广播、电视、电话、电影等，其重要特征是自上而下的控制、专业人士的生产。新媒介（new media）指兴起于20世纪90年代的互联网上的第一代媒介，如电子邮件、亚马逊网上书店、iTunes播放器、报刊的网络版、留言板、聊天室等。新媒介的特征是：一旦上传到互联网上，人们就可以使用、欣赏，并从中获益，而且是按照使用者方便的时间去使用，而不是按照媒介确定的时间表去使用。

新新媒介是兴起于20世纪末的互联网上的第二代媒介，如博客网、维基网、聚友网、脸谱网、播客网、掘客网、优视网、推特网等。新新媒介的特征是：(1) 其消费者即生产者；(2) 其生产者多半是非专业人士；(3) 个人能选择适合自己才能和兴趣的新新媒介去表达和出版；(4) 新新媒介一般是免费的，无须付费；(5) 新新媒介之间的关系既互相竞争又互相促进；(6) 新新媒介的服务功能胜过搜索引擎和电子邮件；(7) 新新媒介没有自上而下的控制；(8) 新新媒介是人人成为出版人、制作人和促销人。①

大数据时代是旧媒介、新媒介和新新媒介融合并存的时代，媒介形态不断发展变化，但新媒介并不一定替代旧媒介。无论是旧媒介、新媒介，还是新新媒介，它们的一个共同特点是都朝着数字媒介的方向发展。在当前这个时代，数字媒介无处不在，使人们可以随时随地获取所需的信息，联系上任何想要找的人；它们无孔不入，融入普通的事物、人造产品、自然环境和文化环境中。因此，新媒介是一个综合性概念，它不是指某一特定的媒介，而是指为适应信息传播的新需求而出现的一批新媒介的总称，即伴随着数字技术、计算机网络技术、移动通信技术的发展而出现的新型传播媒介，是基于数字化的双向互动的多媒体信息传播媒介。这些媒介具有超时空性、整合性、互动性、移动性、个性化服务、海量信息、超媒体性等传播特点。技术变革日新月异。麦克卢汉提醒我们在确认新媒介形态的属性和影响时，要考虑以下四个方面：新媒介放大了什么，新媒介使什么过时，新媒介再现了什么，新媒介被推向极限之后会逆转成什么，这就是麦氏的媒介四定律，它不仅提供了看待当前新旧媒介交接的方法，而且指引我们关注新媒介的极限潜能。

在大数据时代，各种形态的媒介以及各种媒介的信息通过数字化的形式进行传递导致了数字融合，具体包括以下行业的融合：(1) 计

---

① [美] 保罗·莱文森：《新新媒介》，何道宽译，复旦大学出版社2010年版，第3—5页。

算机业与娱乐业的融合，计算机同时成为发送和接收照片、音乐和视频的装置；（2）信息技术业和电信业的融合，数据通过电信网络传输，电信信号可以通过数据网络传递；（3）无线通信业与计算机业的融合，无线通信设备与电子运算的功能被组合起来，比如手机与个人数字助理（PDA）、手机与照相机、手机与音乐播放器、手机与录像机等。媒介形态的发展以及各种媒介间的数字融合极大地改变了人们的信息传播方式，导致人们的利用、接受与评价等信息行为发生变化，并且改变了人们的思维方式、工作方式、生活方式和消费方式。

二 媒介整合：从信息传播终端到用户终端

大数据时代，由于通信技术和信息技术的融合，传统媒介在新技术的渗透下界限变得模糊，而且新的媒介形式和越来越智能的移动终端不断出现。同时，受众越来越细分化，不同背景的受众或用户群体对信息的需求存在明显差异，他们获取信息的方式也千差万别。因此，大数据时代的媒介发展趋势已经从媒介融合向媒介整合发展，即从信息传播终端发展成为用户终端。

媒介整合和媒介融合两者之间最主要的差别在于推动力的不同，媒介融合的推动力来自内部，媒介整合的推动力来自外部。媒介融合是由媒介本身的发展推动的，即媒介技术是媒介融合的推动力，而媒介整合是由传媒行业的激烈竞争推动的，即媒介竞争是媒介整合的推动力。在表现形态上，媒介整合不仅表现在单一媒介发展成为多媒介，而且表现为多媒介向跨平台的转移，即从信息传播终端发展成为用户终端。

媒介功能融合是单一功能媒介向综合功能媒介的发展趋势，即从单一媒介向多媒介的发展趋势，这大大提高了人类的传播效率。麦克卢汉认为，“所有的媒介都是人的某种心理和肉体能力的延伸”，如印刷品是人们眼睛的延伸，收音机是人们耳朵的延伸，电视机是耳朵和眼睛功能的共同的延伸[①]。在如今的信息时代，随着各种新型媒介软件和硬件技术的飞速发展，如黑莓手机、iPad 平板电脑、iPhone 手机以及各种智能手机等不仅能收发短信、微信、视频、照片和博客，而且能用来上网、阅读电子书和新闻。这些新媒介把内容发送到每个人的手掌、眼睛和耳朵，给受众提供了全新的立体化的感官体验。在信息技术和盈利模式创新的双重推动下，媒介整合已经从“多媒介”向“跨平台”转移，即从多媒介的信息传播终端发展成为跨平台的用户终端。媒介平台已经与其他通信、购物、金融等平台进行整合，成为发挥多种功能、扮演多种角色的用户终端。

媒介的整合使得信息的生产模式发生了变化。在内容提供上，用户生产模式崛起。“用户终端”的含义不仅指多种平台的整合，也意味着“用户主权”的实现。“专业化的内容生产方式”是传统媒介的典型标记之一，这种用户生产内容的模式在很大程度上弥补了专业化内容生产能力的不足。用户生产内容的模式为媒介带来了很多重要观念的突破：（1）用户生产，用户分享。与传统媒介专业团队主导的内容生产模式不同，博客、RSS、维基等平台将信息传播主动权还给了普通大众，为个体提供了信息生产、积累、共享、传播的独立空间。无数个体可以相对自由地将自我信息向无数个体发布，形成了用户生产、用户分享的“去中心化机制”。传播领域将不是过去的由少数把关的传播者所控制的自上而下的“广播”过程(broadcast)，而越来越成为一种传者即受众、受众即传者的互动多元交叉的网状“互博”过程（intercast)。（2）自组织、自修正。用户生产内容以自组织为中心，个人与个人之间、个人创造的内容与内容之间，以及个人会聚的群体与群体之间，都以不同的自组织方式架构起来。自组织的方式让人、群体、内容和应用等在反复迭代中不断趋于优化，不断地进行调整和优化。用户生产内容的模式意

---

① 陈卫星：《麦克卢汉的传播思想》，《新闻与传播研究》1997 年第 4 期。

味着新媒介平台在个性、开放、多元、互动、低门槛方面迈出了更大的步伐，用户拥有更多的主导权。（3）社群化、部落化。用户生产内容的模式使有不同喜好或协作关系的用户可以建立起某种经常性的联系，通过自我满足和实现自尊的机制将用户有效地整合凝聚起来，推动新媒介平台的迅速发展。（4）免费与开源。免费和开源策略为新媒介平台培养了用户的忠诚度，使用户与媒介之间的关系变得亲密无间。[①] 用户生产内容的模式给传统的自上而下的专业化内容生产模式带来了很大的挑战，一些专业内容生产者常常会发现，他们的受众比他们知道得还要多。媒体未来学家预测，“到 2021 年，50% 的新闻将由公众提供，主流新闻媒体不得不逐步采纳和实践这种全新的形式”。[②]

媒介整合使得媒介组织不仅仅要关注“生产规模”，同时还应考虑“使用规模”。“生产规模”是指媒介组织每年制作内容的数量，即“制作能力”。在模拟时代，媒介组织必须通过提高制作量来吸引受众更多的注意力。在大数据时代，“受众”变成了“用户”，媒介组织可以通过用户对内容的消费为媒介组织带来直接收入。因此，媒介组织应通过各种渠道让内容产品被受众大范围、多频次地消费。受众的规模越大，媒介产品的使用规模就越大。媒介产品的使用规模越大，媒介产品的平均生产成本就越低，从而使媒介组织能够获得由于规模扩大所带来的收益。

总之，在大数据时代，如何把握用户需求、改善用户体验，已经成为比提供内容更为重要的力量。换句话说，“内容为王”的意义被逐渐丰富而转变为“用户至上、内容为王”。在大数据时代的数字化环境下，媒体产业的构成不再仅仅是传统的内容生产、制作、发

---

① 赵曙光：《媒介经济学》，清华大学出版社 2007 年版，第 26—34 页。

② 苏克军、赵彬：《我们即媒体》，《读书》2007 年第 3 期。转引自 Dan Gillmor. We the Media_ Grassroots journalism by the people for the people，http：//www. oreilly. com/catalog/wethemedia/toc. html，2004。

行，而是一个有多元竞争的传输网络、产业化系统化的内容和可控可用的用户信息需求共同构成的新型数字传媒产业。随着数字传媒技术的深入发展，数字传媒产业的经营重点将转移到终端用户身上，家庭信息平台和个人信息平台将成为数字传媒产业发展的必然趋势。[①]

三　媒介选择：技术的人性化

人们对媒介的选择，是根据传播媒介及传播内容等多方面的因素决定的。施拉姆提出，人们选择不同的传播途径，是根据传播媒介和传播信息等因素进行的，人们选择最能满足需要的途径。在其他条件完全相同的情况下，人们选择最方便且能迅速地满足其需要的途径。因此，施拉姆提出了媒介选择的或然率公式，即：选择的或然率＝报偿的保证/费力的程度[②]。分母“费力的程度”是指获得传播内容和使用传播途径的难易程度，包括获取这一媒介所需要付出的金钱和时间成本。分子“报偿的保证”是指传播内容满足选择者需要的程度。从这一公式可以看出，要提高媒介选择的或然率，就要想办法提高“报偿的保证”，降低“费力的程度”，亦即提高选择者需求的满足度，降低选择者获得传播内容及接触媒介的难度。与人们获得传播内容及接触媒介的难度相比，人们需求的满足是一个相对稳定的变量，因此，要提高媒介选择的或然率，关键是要降低“费力的程度”，而降低“费力的程度”关键在于技术，技术创新是一切媒介发展的根本动力。莱文森的媒介进化论认为，任何一种后续的媒介都是对过去的某一种媒介的功能的补救和补偿，媒介的发展过程就是新媒介不断弥补旧媒介缺陷的过程，而且这种弥补过程是一种技术发展越来越贴近人性化的过程。大数据时代，媒介

---

① 黄升民等：《数字传播技术与传媒产业发展研究》，经济科学出版社 2012 年版。

② ［美］施拉姆、波特：《传播学概论》，陈亮等译，新华出版社 1984 年版，第 113—120 页。

的发展也是一个技术越来越贴近人性化的过程，技术越贴近人性化，媒介选择的或然率就越高。

在大数据时代，技术将一如既往地对媒介发挥着重要的作用。媒介技术，尤其是数字技术，使信息呈现出一种大相径庭的数量级形式，而且使得每个人都可以在新的传输结构中访问与接触信息。大数据时代媒介的发展将呈现以下趋势：（1）媒介界面将更为人性化，其本身也将具有某种智能，能更好地领悟人的指令和要求，并快速做出反应。（2）媒介形式多样化。数字媒介将根据人的需求的多样性而具有多样化的形式，比如更方便携带、更便利与卫星或网络连接、更逼真的视觉效果、更强大的震撼力和冲击力等。（3）媒介相关产品及服务的价格将不断下降。（4）与其他数字化设备之间的连接、协作与融合。新媒介与其他数字化设备共同组成了数字化空间。（5）回归自然。科学技术发展的目的是提高人们的生活质量，数字媒介的人性化和智能化的发展是使人回归自然的一种努力。

从媒介形态、媒介整合和媒介选择三个角度所进行的媒介分析来看，大数据时代的媒介生产格局可以归结为如下几个主要特征，即媒介形态的多样化、内容呈现的立体化、生产主体的多元化、信息消费的便捷化。麦克卢汉的“媒介是人的延伸”的理论在大数据时代得到进一步验证。随着媒介生产的全媒体化运营，媒介使人的感觉和感官得到更宽广的扩展和延伸，人们处于一个视觉、听觉、触觉能力综合延伸的全景化时代。

第三节　大数据时代的受众分析

美国学者艾伯特－拉斯洛·巴拉巴西[①]在其著作《爆发：大数据

① ［美］艾伯特－拉斯洛·巴拉巴西：《爆发：大数据时代预见未来的新思维》，马慧译，中国人民大学出版社2012年版。

时代预见未来的新思维》中指出，在大数据时代，人类变得比预期中更容易预测得多，手机、网络和电子邮件等使人类行为变得更加容易量化，并将我们的社会变成了一个巨大的数据库。

大数据时代，受众分析将比以往任何时候都更重要，以“传者”为中心的传播格局更加彻底地向以“受众”为中心的传播格局转变。在受众需求与媒介形态的关系上，两者是相互作用的。这种相互作用的关系可以理解为受众需求的变化促使媒介形态发生变化，媒介形态的变化又通过对受众思维、习惯等方面的影响来引导受众需求的改变。因此，在当代社会，即数字媒介主导新旧媒介并存的混合媒介时代，传媒行业应该好好把握受众需求，这样才能合理预测媒介形态变化的趋势，制作出符合受众心理需求和感觉体验的内容产品。在大数据时代，各种数字信息日渐成为信息资源的主流，网络成为人们寻求信息知识的重要渠道，人们获取信息的行为方式也发生了变化。优化数字资源利用环境，有效获取信息和知识成为人们关注的重点。具体来说，在新的时代，受众的信息消费呈现出以下四个特点。

一　信息需求的个性化与综合化

在信息多样化、海量化的趋势下，人们的信息需求日益个性化与综合化。首先，人们在消费信息时，更加注重获得个性的满足、精神的愉悦、舒适及优越感，能够根据个人心理意愿和兴趣爱好来选择信息或服务。人们选择的不再是单纯的媒介本身的实用价值，而是充分考虑媒体能为自己带来什么。在价值取向上，充分体现个体的自身价值，这已成为人们信息消费的首要标准。其次，为了在海量信息中迅速获得自己所需要的信息，人们希望能够花最小力气、最短时间获得最有效的信息，而不是在信息海洋中搜索寻找信息碎片。这种信息需求的综合化要求在庞大的数字信息时代会日益突出。这种信息需求的个性化与碎片化与“信息茧”

理论有着千丝万缕的联系。凯斯·桑斯坦[①]在其《网络共和国》一书中提出了“个人日报”（daily me）现象。他认为，在互联网时代，随着网络技术的发达和网络信息的剧增，人们能够在海量的信息中随意选择其关注的话题，完全可以根据自己的喜好订制报纸和杂志，每个人都拥有为自己量身订制一份个人日报（daily me）的可能。这种“个人日报”式的信息选择行为会导致网络茧的形成。当个人长期禁锢在自己所建构的信息茧中，其生活逐渐呈现出一种定式化、程序化的样式。长期处于过度的自主选择中，沉浸在个人日报的满足中，失去了解不同事物的能力和接触机会，不知不觉间为自己制造了一个信息茧。

总之，在数字信息时代的市场细分化和需求细分化的互动过程中，人们获取信息时，更多的时候是关心那些能够满足、体现、吻合自己的个性化利益需求的信息。人们判断信息的有用性或有效性的标准是看信息是否能满足自己的个性化和综合化需求，看重信息与自己及自己所在群体的利益需求是否吻合，是否能够给自己带来帮助。为了总能在海量信息中快速地获得有用信息，人们对综合性提出了更高的要求，关注信息检索的效率性和效益性。

二　知识索取的经济性与价值性

在大数据时代，数字信息日渐成为信息资源的主流，也改变了人们获取知识信息的行为方式，也催生了人们对数字资源获取与利用的新需求。这种新需求主要表现为两方面：一方面，在需求方式上，由分散式获取到集成式获取。人们希望不要耗费太多时间与精力便能够经济、有效地获得分散在多个异构资源系统中的资源以及具有关联关系的多种资源。另一方面，在需求内容上，由对信息的

① ［美］凯斯·桑斯坦：《网络共和国》，黄维明译，上海人民出版社2003年版。

需求到对知识的需求。人们希望在海量的数字资源中找到需要的、有价值的信息，希望在大量的信息中获取蕴含的知识内容及知识的逻辑关系，以帮助自己理解、应用和创造知识。知识是无限的，受众对未知的事物具有好奇心，他们希望增长见识来不断提高自己的知识水平，包括国内外重大的政治经济事件、专业研究相关知识等。

总之，受众对知识信息需求的深化，集中反映了受众需求所遵循的两个基本原则，即省力原则和价值原则。省力是人类行为的一种普遍法则，受众总是希望以最小的努力（或最少的精力）获得他所需要的信息；价值是信息需求满足的主要依据，受众总是希望获得有价值的信息，这是受众信息寻求行为的驱动力。

三　信息获得的便捷化与伴随化

大数据时代，受众的信息获取越来越便捷化和伴随化。这是因为各种传播渠道趋于数字化融合，这不仅可以实现用户的最大限度的覆盖，而且用户可以实现任何时间、任何地点、任何方式的信息获取。

人类的进步、社会的发展、技术的创新以及人们工作和生活节奏的加快，客观上也要求人们以更快的速度获得信息。一方面，社会经济的发展使得人们的工作和生活节奏加快，人们的生活方式的变化导致移动状态的增加；另一方面，随着人们工作和生活节奏的加快，受众越来越移动化，这在客观上提高了受众对媒介移动化和媒介伴随化的需求，因为媒介移动化和媒介伴随化能够满足“在路上”的人们对信息的及时获取。因此，为了使得不断处于移动状态的受众随时随地分享信息，不少媒介比如手机、iPad、无线网络等日益移动化，以满足移动受众的信息需求。日益移动化的媒介不仅让受众方便携带，而且使经常处于移动状态的受众在信息技术的支持下，能够通过伴随媒介化轻松便捷地获得数字化、网络化的数字信息。

四 信息消费的轻松化与高端化

人们寻求信息的目的是减少或消除周围环境的不确定性，从而更好地生存和发展。随着经济的发展与信息技术的进步，人们的生活方式和信息消费方式也随之发生了变化，信息消费越来越趋向于轻松化与高端化。一方面，人们更认同生活化、轻松化的信息提供方式。今天的受众更偏好在比较轻松的状态、心态下，接近、接受、接纳以轻松、活泼、个性化方式提供的新闻信息和文化产品，偏好具有时代特征与体现生活潮流的文化产品。另一方面，在信息消费轻松化的背景下，一些高端产品也开始大规模进入大众文化消费领域。这是由于中国公众收入水平、生活水平不断提高，用于满足精神需要的支出增加，对严肃的、高端的文化产品产生了浓厚兴趣，由此创造了新的市场空间。经济学中用恩格尔系数，即用于食物的支出占总支出的比例，来衡量一个社会、一个家庭的生活水准。借用这种思维方式，可以说，一个家庭或社会用于满足精神需求的支出占总支出的比例越高，其生活水准越高。统计调查结果显示，普通家庭用于满足精神需求支出的比例在逐年增加。

信息消费其实也是一种精神消费。西方著名心理学家马斯洛的需要层次理论认为，人的需要可以分为从低到高的五个层次，分别是生理的、安全的、社交的、尊重的（包括受人尊重和自尊的）以及自我实现的需要。人们在较低层次的需要得到满足后，就会进而追求另一较高层次的需要。这五个层次的需求中，前两种是生理方面的需要，后三种都属于精神方面的需要。这也说明，随着人们生活条件的改善，人们的需要必将从物质向精神方面转变。在较低层次的精神需要得到满足后，人们进而追求更高层次的精神需求。因此，信息消费作为人们的一种精神消费方式，也必然是不断地向高端化发展。

第四节　大数据时代的个人隐私与信息安全问题

大数据时代，随着互联网技术的广泛普及、互联网用户的激增、网络宽带的增加和传输质量的提高以及各种新型数字化技术的广泛应用，人与人之间的传播速度与传播效率大大提高，这种传播环境的发展验证了六度分隔理论（Six Degrees of Seperation）的假设。六度分隔理论又被称为小世界理论，也就是说，通过人际关系网络，你和任何一个陌生人之间的间隔不会超过六个人，即你可以通过不超过六位中间人与世界上任意一个人认识。这样的情况带来的后果是个人隐私的唾手可得和不可控。

正是由于越来越多的数据因各种目的可以无障碍地流通，解决个人隐私和信息安全问题将成为大数据时代的重中之重。在大数据时代，信息网络已成为一个国家的重要基础设施，但随之而来的信息安全问题日渐凸显，包括国家机要部门、企事业单位、个人信息终端都面临着来自病毒、黑客、木马等的攻击。这是因为社会的逐渐网络化，大数据在各个行业领域实现资源共享和数据互通。社会的网络化为大数据提供了一个开放的环境，同时也使数据更容易受到黑客的攻击。此外，各种存储介质的频繁使用易导致各类泄密事件的发生，而且社会化媒体的广泛使用，也使一些个人数据易遭泄露。比如，Cookie虽方便用户使用，但也方便网站收集用户的个人数据，使得个人隐私易遭受侵犯；黑客攻击服务器后，一些包含个人用户和企业用户的敏感信息可能会被黑客利用，造成安全隐患；另外，用户在社会化媒体上发布的信息，使得个人信息更加暴露无遗。随着信息化建设、互联网产业、手机产业的快速发展，信息数据技术已经渗入银行、交通、商业、医疗、通信、电力等重要行业领域，在信息形态、应用领域、服务模式、传播手段等方面呈现出新的特点，对信息安全提出了更高的要求。信息安全事关国家安全、社会发展和个人利益，网络黑客攻击、网络病毒、网络欺诈、垃圾邮箱、手机病毒、窃听软件等，不仅严重威胁信息安全，而且对个人隐私、财务信息甚至商业机密等构成威胁。因此，相关部门应该加强信息数据安全意识，约束借助网络窃取他人个人资料、侵犯他人隐私和名誉等侵权行为，从国家安全、信息安全、文化安全的角度，严格管理、倡导诚信，既推动信息畅通又维护信息安全，构建健康文明、安全有序的信息环境。

美国已经在考虑和应对大数据时代的信息安全问题。2012 年 3 月 29 日，美国联邦政府出台了《大数据研究和发展倡议》（*Big Data Research and Development Initiative*），将 2 亿美元投入大数据研究领域，以加强政府各个部门、研究机构和其他组织从大量复杂的数据中提取、分析重要信息的能力。这一倡议涉及美国联邦政府的六个部门，分别是美国国家科学基金、美国国家卫生研究院、美国能源部、美国国防部、美国国防部高级研究计划局和美国地质勘探局。这些部门将大力推动和改善与大数据相关的收集、组织和分析工具及技术的研究和使用，力图在科学发现、环境保护和生物医药研究、教育、国家安全及战争策略等领域利用大数据的能力取得突破。这些举措表明大数据对于国家发展和国家安全的重要性，大数据作为一种新型经济资产，同时具备安全和战略意义。[①] 根据对这一倡议的分析和解读，大数据已成为美国国家创新战略、国家安全战略、国家 ICT 产业发展战略以及国家信息网络安全战略的交叉领域，美国实际上已经确立了基于大数据的信息网络安全战略，目的在于解决当前的大数据核心技术挑战，全面强化未来的信息网络安全战略优势。[②]

但是，在美国的“棱镜门”事件之后，美国在获取和掌握公众

---

① 郭晓科：《大数据》，清华大学出版社 2013 年版，第 106—107 页。

② 陈明奇、姜禾、张娟、廖方宇：《大数据时代的美国信息网络安全新战略分析》，《信息网络安全》2012 年第 8 期（该文入选第 27 次全国计算机安全学术交流会论文集）。

信息数据的做法和手段方面是否妥当引起了人们的激烈讨论，美国的监听、监视行为引起了全球许多国家和公民的抗议。2013 年 6 月，美国从 2007 年开始实施的“棱镜”计划被美国国家安全局前雇员爱德华·斯诺登（Edward Snowden）公之于众，这在全球引起了轩然大波。之后，斯诺登先后向厄瓜多尔和冰岛以及其他 19 个国家申请政治庇护。棱镜计划（PRISM）是一项由美国国家安全局（NSA）从 2007 年小布什时期起开始实施的一个绝密电子监听计划。美国情报机构一直在包括微软、雅虎、谷歌、苹果等九家美国互联网公司的中心服务器中挖掘数据、收集情报，从音频、视频、图片、邮件、文档以及连接信息中分析个人的联系方式与行动。美国国家安全局监控的信息数据类型有 10 类：电子邮件信息、即时消息、视频、照片、存储数据、语音聊天、文件传输、视频会议、登录时间以及社交网络资料的细节，其中包括两个秘密监视项目，一是监视、监听民众电话的通话记录，二是监视民众的网络活动。美国“棱镜门”事件涉及美国的传统盟友和合作伙伴，监听对象从国家元首到普通公民。美国惊人的大规模海内外监听计划在斯诺登的揭露下，引发了美国外交的地震，德国、法国等欧洲国家以及巴西、墨西哥等国家分别兴起了针对美国的反监听浪潮。

随着大数据时代的来临，隐私的含义也发生了变化，所谓的隐私就是公民个人信息或者个人秘密，包括个体自己的行为、习惯、心理状态等。而信息技术的发展，已经使过去看似无用的信息成为核心信息资源。比如，实时跟踪某个人的手机，就可以知道他的乘车习惯、消费习惯等；跟踪某个人的通话记录可以呈现出他的社会关系网络，而社交网络平台更是一个个体心理活动的全景式展现之完美舞台，通过对这些信息网络和信息平台中的海量信息进行分析，公民的隐私就被“挖掘”出来并被开发利用了。互联网公司可以通过他们所掌握的用户个人数据对用户的网络活动进行监控，也有可能把原本分散在多个网络系统的用户数据集成、提炼，这些汇集而成的信息极有可能是用户不希望外泄的。

在大数据时代，个人隐私和信息安全问题日益显得突出，这些问题值得进行进一步研究和探讨，以寻求个人隐私和信息安全的保护途径。欧盟正在起草新的数据保护条例，包括将有可能对违规公司处以其全球收入2%的罚款。这些举措有利于消费者更好地控制个人信息的使用，以保护个人隐私和信息安全。

总之，大数据时代的各种社交媒体与智能手机等新兴媒介将对传统媒体构成挑战。传统媒体的新闻报道和评论易被海量数据淹没，媒体从业人员如何收集、整合、挖掘和分析数据，媒体如何在大数据时代代表舆论、主导舆论和影响舆论，以及媒体在大数据时代如何经营、盈利等①问题应该引起传媒企业和传媒从业人员的充分重视。另外，传媒企业要尊重个人隐私并加强信息安全监管。大数据环境下，通过对用户数据进行深度分析，很容易了解用户的行为和爱好，对个人隐私问题必须引起充分重视。另外，随着在线交易活动日益增加，数据的安全威胁更加严峻。因此，大数据时代所提出的信息安全挑战，也对政府相关监管部门制定安全监管规则提出了新的挑战。在大数据时代正在来临的时候，传媒业所面临的挑战和冲击还有待进一步明朗，但是，科学预知并为大数据时代的来临提前做好思想与技术准备，对媒介公司的未来发展或业务转型都非常关键。

本章小结

本章探讨了大数据时代传媒业呈现出的新态势和面临的新挑战，关注大数据时代的传播特点、媒介分析、受众分析、个人隐私与信息安全等问题。随着信息传播日益数字化、智能化和网络化，知识

---

① 官建文、刘扬、刘振兴：《大数据时代对于传媒业意味着什么？》，《新闻战线》2013年第2期。

经济与知识管理的重要性日益突出，同时，随着传播语境的碎片化和信息内容的混杂化，长尾效应将不断增强，这些新的变化势必使信息的传播方式出现不少新的趋势。大数据时代的媒介形态是旧媒介、新媒介和新新媒介的融合并存，媒介整合从信息传播终端发展到用户终端，用户体验将日益受到重视，在媒介的选择上也将日益体现技术的人性化。大数据时代，受众的信息需求日益个性化和综合化，受众将日益重视知识与信息索取的经济性与价值性、信息获得的便捷化与伴随化、信息消费的轻松化与高端化。但是，大数据时代更面临着个人隐私和信息安全等问题，这些问题亟须政府和社会进行科学、合理的管理和规制。总之，大数据时代对传媒业提出了新的挑战，这要求媒介集团尽快适应媒介市场的快速变化，不断实现技术的突破以及观念与机制的转变。

第四章 大数据时代媒介集团的成长研究

第一节 媒介集团成长研究的理论基础

媒介集团成长研究的理论基础是企业成长外生理论和企业成长内生理论。新古典经济学创始人美国经济学家阿尔弗雷德·马歇尔（Alfred Marshall）将企业比作生物有机体，指出企业成长是一个适者生存、自然淘汰的过程。马歇尔的企业成长理论由企业规模经济论（内部经济和外部经济）、企业的市场结构论和企业制度的演化论三部分构成。在马歇尔理论的基础上，企业成长理论最终分化为成长外生理论和成长内生理论两种主要研究方向。企业成长研究的外生理论与内生理论两种主要研究方向，其实也是由企业集团成长资源获取的内、外两种途径决定的。媒介集团作为把各种要素投入生产、传播信息产品过程的个人、组织联合体，其成长研究也是基于成长外生理论和成长内生理论这两种主要的企业成长理论，其中，成长外生理论主要包括最优规模理论、交易成本理论、竞争战略理论，成长内生理论主要包括企业资源理论、组织能力理论、核心竞争力理论和企业生命周期理论。

一 成长外生理论

1. 最优规模理论

新古典经济学认为企业成长的动力和原因在于对规模经济（以

及范围经济）的追求。新古典经济学将企业和消费者作为微观经济分析的基本单位，认为消费者的行为准则是在收入和价格的约束下追求效用最大化，企业则是在技术和市场的约束下追求利润最大化。按照这一理论，如果媒介集团能够以低于加倍的成本来获得加倍的信息产品，就存在规模经济。反之，如果加倍成本仅获得低于加倍的信息产品，则存在规模不经济。换言之，如果媒介集团的平均成本随信息产品的增加而下降，即边际成本低于平均成本时，规模经济就存在，反之则存在规模不经济。媒介集团成长就是调整产量达到最优规模水平的过程，或者说是从非最优规模走向最优规模的过程。

2. 交易成本理论

新制度经济学发端于对企业性质的研究，理论侧重于探讨企业与市场的关系，试图把握企业的性质以及企业的边界。从新制度经济学来看，企业成长就是企业边界扩大的过程，分析企业成长因素也就是探讨决定企业边界的因素，企业的边界可以分为纵向边界、横向边界、多样化经营边界，企业成长的动因在于节约市场交易费用。新制度经济学的企业成长理论始于罗纳德·哈里·科斯（Ronald H. Coase）。他认为，由于市场交易费用存在签约、监督履约和追索违约等相关交易费用，企业的出现是为了节约交易费用，但也带来了管理成本①。因此，企业组织是市场机制的替代物，市场交易费用与组织协调管理费用相等的均衡水平确定了组织的边界，管理费用和交易费用的比较决定了企业规模的大小，当管理费用等于交易费用时，企业达到最大适度规模。节约交易费用是企业成长的动力。威廉姆森（Williamson，1975）用资产专用性理论来分析企业成长的纵向一体化问题②。他从资产专用性、不确定性、交易效率三个纬度定义了交易费用，在此基础上分析了企业边界确定的原则。企业是

① Coase，Ronald H. The Nature of the Firm. Economica，1937，4（16）：384－405.

② Williamson，O. Markets and Hierarchies：Analysis and Anti-Trust Implications. New York：The Free Press，1975，267－278.

一种连续生产过程的纵向一体化实体，这一连续生产过程的不同阶段之间如果通过市场交易关系相联系，就需要签订一系列的合约，而由于信息的不完全和不对称，签订的合约不可能是完全合约，这就给经济主体的机会主义行为提供了条件，这会导致专用性资产事前投资不足的问题。为解决这个问题，企业会通过前向或后向一体化，把原来属于市场交易的某些阶段纳入企业内部，这种情况下的企业成长就表现为企业纵向边界的扩展。纵向一体化可以防止市场交易中的机会主义，从而节约了交易费用。

在信息产品生产、传播过程中，媒介集团与市场是两种相互替代的制度安排。市场上的交易时有价格机制来调节的，而媒介集团则将许多原来属于市场的交易“内化”了。当信息产品的生产、消费以一体化的方式代替市场交易可以节省成本时，组织化的媒介集团便获得了存在的经济基础。

3. 竞争战略理论

迈克尔·波特从外部竞争的角度，以通用战略来解释企业成长问题。他在《竞争战略》（1980）中提出了三种基本战略：总成本领先战略、标新立异战略、目标集聚战略。波特（1985）在《竞争优势》中创立了价值链理论，认为竞争优势的关键来源是价值链的不同[①]。波特的竞争战略理论将结构—行为—绩效为主要内容的产业组织理论引入企业战略管理领域，将注意力集中于市场和产品的组合上，把企业竞争优势归结为企业所处的市场结构和市场机会等，认为决定企业盈利能力首要的、根本的因素是产业吸引力，企业获得竞争优势的关键是选择一个合适的产业。

从对竞争战略理论的解读中，我们可以这么认为，媒介集团选择利润潜力较大的行业，进行正确的定位，走个性化的发展道路，采取合适的竞争战略，对媒介集团的成长是至关重要的。

---

① ［美］迈克尔·波特：《竞争优势》，陈小悦译，华夏出版社 1997 年版，第 364—375 页。

二　成长内生理论

1. 彭罗斯的企业资源说

安蒂思·彭罗斯（1959）在其所著的《企业成长理论》一书中对企业成长问题进行了全面系统的分析，认为企业是各类资源的集合体，企业的成长主要取决于企业能否更为有效地利用现有资源。她以单个企业为研究对象，研究了企业成长的影响因素和成长机制，建立了企业资源—企业能力—企业成长的分析框架①，认为管理资源是企业成长的源泉，管理能力是企业边界的决定因素。她认为，企业拥有的资源状况是决定企业能力的基础，企业能力决定了企业成长的速度、方式和界限。企业的成长主要取决于能否更为有效地利用现有资源，影响企业持续性成长的主要因素是管理资源，企业成长实质上是企业管理能力与资源交互作用的动态过程。彭罗斯同时强调了创新能力对企业成长的重要性，认为产品和组织创新是企业成长的推动因素，发现潜在的成长机会是企业成长的关键一环。

根据彭罗斯的说法，媒介集团的成长性，就是媒介集团具有不断挖掘为利用资源而持续实现潜在价值的生产能力，是人们依据媒介集团的现有发展状态和其他内外部客观因素所作出的对该集团的一种未来发展预期。媒介集团管理能力的价值，就是如何在利用现有资源与开发新资源之间求得平衡发展，而媒介集团的竞争优势来自于它能够比竞争对手更好地掌握和利用某些资源和能力、更好地把这些资源和能力结合起来。②

2. 钱德勒的组织能力说

钱德勒在其《企业规模经济与范围经济——工业资本主义的原动力》一书中指出，企业的组织能力是企业持续保持竞争优势的源

① Penrose E. T. The Theory of the Growth of the Firm. Oxford: Oxford University Press, 1959, 55 – 60.

② 朱春阳：《现代传媒集团成长理论与策略》，上海人民出版社 2008 年版，第 7 页。

泉；组织能力就是企业整体的组织能力，包括物质设施和人的技能，而其中最重要的是高、中层管理人员的技能，这些技能结合起来是决定企业组织能力强弱的关键因素。企业的组织能力可以使企业按照四种持续增长战略方式实现企业增长，即横向合并、纵向一体化、地区扩张与多元化经营。[①]

3. 核心竞争力理论

普拉哈拉德和哈默尔（Prahalad & Hamel，1990）对企业资源论进行了引申，提出了企业核心能力理论，认为企业的竞争优势来自于企业配置、开发和保护资源的能力，即企业核心能力（core competence）[②]。核心能力是以人为载体的，是企业多方面资源、技术和不同技能的有机组合，而不是单纯的企业资源。核心能力是组织中的积累性集体学识，尤其是如何协调多种生产技能以及整合众多技术流的能力。企业核心能力理论强调了企业内部的资源、核心技术、技能等核心能力对企业成长的重要性，企业竞争优势的根源由具体的、客观存在的资源变成了资源配置、开发和保护资源的能力。核心能力是企业在生产经营过程中形成的，且不易被对手复制和模仿，这种能力对企业的生存、成长和发展起着决定性作用。

4. 爱迪思的企业生命周期说

企业生命周期理论的代表人物是美国管理学家伊查克·爱迪思（Ichak Adizes），他于1989年提出了企业生命周期理论[③]。他认为，企业与自然界生物一样都遵从"生命周期"规律，它把企业生命周期分为孕育阶段、成长阶段和老化阶段，并依次将各阶段细分为婴儿期、学步期、青春期、盛年期、稳定期、贵族期、官僚期和死亡

① ［美］小艾尔弗雷德·D. 钱德勒：《企业规模经济与范围经济——工业资本主义的原动力》，中国社会科学出版社1999年版，第43页。

② C. K. Prahalad & Gary Hamel. The Core Competence of the Corporation. Harvard Business Review，1990，68（3）：79－91.

③ ［美］伊查科·爱迪思：《企业生命周期》，何燕生译，中国社会科学出版社1997年版，第237页。

期，其孕育、成长和老化主要是通过灵活性和可控性这两大因素之间的关系来表现的而不是规模和时间，灵活性和可控性决定了企业在生命周期中所处的位置。伊查克·爱迪思形象地描述了企业整个生命周期的形态变化，是企业生命周期理论的奠基石。许多有关企业生命周期的思想和模型都以此为基础而进一步发展和改进，沿袭其思想精髓，只是在形式上做了一些更为准确扼要的变化。

第二节　媒介集团成长的基本原则

一　独特价值提供

竞争优势的两个基本来源是差异化和低成本，其中差异化又是规避价格竞争风险的必由之路。对于大多数中小媒介集团而言，以独特性来获取目标受众的青睐要比低成本战略的实用空间更为广阔一些。传媒产品的差异化可以大致分为两类：产品特征的异质性和产品的受众感知差异性。传媒产品同其他产品一样，也要进行市场细分、目标市场选择和市场定位，而这个过程均建立在传媒产品差异化的基础上。传媒经济是一种受众影响力经济，这决定了内容（传媒产品）和受众是传媒经济的核心。因此，不是所有的产品或服务的差异化都是有意义或有价值的，只有同受众的价值和需求相结合的差异化才是有效的。

传媒产品生产具有“高成长成本、低复制成本”的特点，这种成本结构蕴含着巨大的规模经济效应，由于编辑成本几乎为零，所以复制得越多平均成本越低，获取利润的空间就越大。美国的影视产品贸易之所以存在巨额顺差，就是因为它向其他国家的受众提供传媒产品的低边际成本甚至零边际成本使其产品的供应量可以很大而且平均成本很低，因此可以以相对低廉的价格（低于进口方的制作成本）出口，从而获得竞争优势。传媒产品面对的是两个市场，一个是受众市场，另一个是广告市场。受众关注的是信息内容，期望能从中获得知识、快乐、审美、价值观归属等，而广告商更加关注传媒产品的收视率与满意度、传媒产品所吸引的受众结构、受众的影响力和消费能力等因素，这些因素与受众所关心的传媒产品的信息内容这两者之间是一致的。传媒产品的信息内容越能满足受众需求、越受受众喜爱，这一传媒产品的收视率或满意度就越高，其所带来的广告效果就会越好。

因此，传媒产品能够为受众提供具有独特价值的信息内容，是媒介集团能否产生规模经济效应的关键问题。由于传媒产品的边际成本（每增加一个单位的产量所引起的成本增加量）几乎为零，所以受众越多就越能分摊和降低传媒产品的生产成本。一般情况下，无论多少受众收看或收听节目，节目制作和播出的成本是相对固定的，增加一个观众所导致的播出成本几乎为零。因此，吸引的受众数量越多，传媒产品的规模经济效应就越凸显。由于传媒产品生产成本基本不变，所吸引的受众数量越多，媒介集团收买受众注意力资源的潜力就越强，广告价位就会越高。

二　细分市场选择

媒介集团业务经营的独特性来源于选择独特的细分市场。媒介集团通过细分市场的取舍，寻求和选择那些最有可能发挥自己资源和能力优势的目标市场才能获得长期、稳定的发展机会。

细分市场策略要求对市场进行划分，然后对市场机会进行价值评估，最后确定目标市场。细分市场选择的前提是要对市场进行划分，找到目标受众群体。可以通过以数据为中心的分析要求来找到目标受众群，了解目标受众需要哪些新闻内容或其他传媒产品。在大数据时代，人类可以被物化。通过一系列外在的科技化语言和数据，便可揭示人类行为模式的规律和趋势，对用户或媒介消费者的各种行为进行预测，对市场进行划分，这些分析结果可以让媒介集团更好地了解受众需求和市场变化，为媒介集团的细分市场选择提供决策支持。

传媒市场机会是在传媒环境变化的过程中演化出来的有利于传媒组织发展的时机和空间。媒介集团可以通过SWOT分析来判断事实机会是否存在以及价值大小。传媒市场机会的价值大小有市场机会的吸引力和可行性两方面因素决定。市场机会的吸引力是指媒体利用该市场机会可能创造的最大利益，它表明媒介集团在理想的条件下重复利用该市场机会的最大极限。反映市场机会吸引力的主要指标有市场需求规模、利润率、发展潜力等。市场机会的可行性是指媒体把握市场机会并将其转化为具体利益的可能性。市场机会的可能性是由媒体内部环境条件和外部环境条件两方面决定的。媒体内部环境条件对可行性的影响主要遵循三个原则，一是市场机会要适合媒体的经营目标、经营规模和资源状况；二是市场机会要有利于媒体内部差别优势的发挥；三是媒体内部的协调程度，即媒体的整体能力。媒体外部环境中的每一个宏观、微观环境要素的变化都可能使市场机会的可行性发生变化。

对传媒市场机会进行价值评估可以采用市场机会价值评估矩阵，给影响市场机会的吸引力和可行性大小的因素打分，进行加权平均，分别计算出市场机会吸引力和可行性的分值，按照分值的高低排列出市场机会的价值评估矩阵，如图2（假设采用百分制，以70分为大小的分界）[①] 所示。

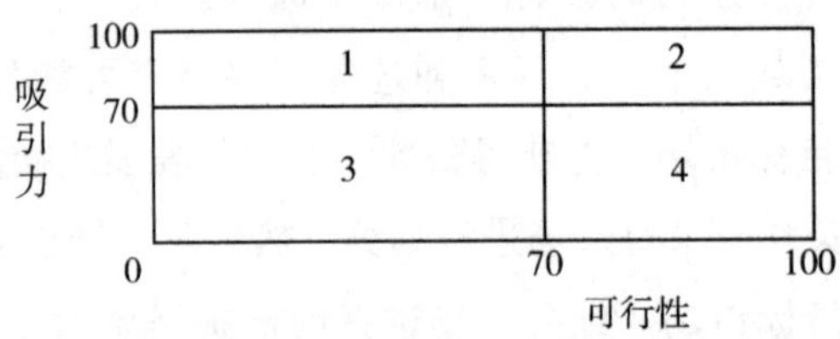

图2　市场机会价值评估矩阵

从上图可以看出，区域1为吸引力大、可行性弱的市场机会。一般来说，这种市场机会的价值不会太大。一般媒体不会将主要精

---

① 卜彦芳编著：《传媒经济学理论与案例》，中国国际广播出版社2008年版，第163—164页。

力放在此类市场机会上，但可以密切关注可行性大小的内、外环境条件的变化情况，恰当地做好当可行性变大时进入区域 2 的准备。

区域 2 为吸引力、可行性俱佳的市场机会，该类市场机会的价值最大，是媒体发展最理性的区域。媒体管理人员应及时、准确地发现有哪些媒体进入或退出了该区域。

区域 3 为吸引力、可行性皆差的市场机会。通常媒体不会去注意该类价值最低的市场机会。

区域 4 为吸引力小、可行性大的市场机会。该类市场机会的风险低，获得利润能力也小，通常是稳定型、实力薄弱的媒体进行常规活动的主要区域。对于该区域的市场机会，媒体应注意其市场需求规模、发展速度、利润率等方面的变化情况，以便在该类市场机会进入区域 2 时可以及时、有效地予以把握。

分析受众需要、划分细分市场、评估细分市场机会价值后，就可以确定目标市场，针对某一个特定的细分市场，为特定的受众群体提供特定的传媒产品和服务。这样才可以有针对性、有效率地开发该细分市场，并在市场条件成熟时进行市场领域扩张。

如今，大众传播已步入“分众”“窄播”时代，一家媒介集团要把全体受众“一网打尽”，已经不太可能。因此，媒介集团要学会选择和放弃，在进行深入的市场调研和科学细分后，选择和确定媒介集团为之服务的目标受众，精心地、有针对性地开拓细分市场，塑造一个长期的、具有品牌效应的传媒形象。

三　业务结构优化

媒介集团各业务单元结构的优化可以降低业务单元之间的配合成本，提高效率，节省开支。著名学者涂子沛在其《大数据：正在到来的数据革命》[①] 一书中指出，在以前的小数据时代，因为只有关

① 徐子沛：《大数据：正在到来的数据革命》，广西师范大学出版社 2012 年版。

于个人的数据，所以可以研究个体但不能研究群体。但在大数据时代，人们的行为都以数据形式存在，通过研究这些数据可以了解消费者习惯，找到很多市场商机。在企业运营中，优化才能提高效率，减少成本，优化就要基于数据。此外，产品也离不开数据，产品质量控制就是以数据为支持的。大数据最根本的功能，就是促进经济的发展，知识时代的特点就是信息和数据的整合产生新的价值。因此，在大数据时代，媒介集团应充分利用大数据分析，优化业务结构，提高管理效率，将粗放型管理变为精细型管理。

优化业务结构首先要有明确的市场定位，即媒介集团要为自己的传媒产品塑造强有力的、与众不同的鲜明个性，并将这种产品形象、市场形象传递给受众，求得受众的认同。其次要考虑业务定位，是只选取一个细分市场进行集中营销，还是集中生产某一种传媒产品？是满足某一特定受众群体的需求，还是有选择性地进入几个不同的细分市场有效地分散经营风险，抑或是满足市场上所有受众的需求以期覆盖整个市场？再次是进行产品定位，从核心产品、形式产品和附件产品等多个层次出发，使得产品定位在每一个层次上都清晰明确且独具特色。核心产品是指传媒产品能给受众带来的某种利益或满足，形式产品是受众能够看到的有形物体，比如产品的质量、形态、特色、品牌、包装等，附件产品是媒体向受众提供的附件服务，比如送报上门、安装报箱、咨询及赠送其他产品等。在越来越激烈的传媒市场竞争中，提供优秀的形式产品和周到的附件产品显得越来越重要。

第三节　媒介集团成长的基本方式

一　创新经营：以竞争为主导的媒介集团成长方式

媒介市场的竞争主要是产品的竞争，因此，产品的开发和创新是媒介集团成长的一种基本方式。注重产品的开发和创新，离不开媒介技术的开发和利用。大数据时代，媒介集团的发展将更加注重技术，新技术的进步可以有力地推进媒介集团的发展。因此，产品创新与技术创新，是媒介集团打造核心竞争力的关键。媒介集团的竞争优势就是在市场竞争中能够持续地比其他媒介公司更有效地向目标受众提供产品和服务，并获得盈利和持续发展的整体性综合素质。而竞争优势的开发，需要根据媒介集团本身的产品特征和技术条件，系统地整合环境资源、知识和能力等竞争力的影响因素，从而实现结构优化，并将此转化为媒介集团的核心竞争力。

除了产品创新和技术创新外，还可以通过管理制度、组织体制、生产经营、广告经营、市场管理、品牌经营等方面的创新经营，为媒介集团打造核心的竞争力。比如，美国《国家地理》杂志的品牌创新经营使其在激烈的媒体竞争中，能够凭借良好的、个性化的品牌形象在竞争中脱颖而出。它在进行准确、清晰的市场定位后，追求卓越品质和鲜明亮丽的形象设计，成功地实施品牌延伸策略和多文化的发行渠道。总之，创新经营需要树立市场意识，及时更新观念，找准受众定位，打造精品内容，以特色取胜。

二　战略联盟：以合作为主导的媒介集团成长方式

媒介企业战略联盟的出现与竞争环境的演变有着极为密切的关系。随着有线电视、卫星电视、互联网等媒介新技术在全球的迅速扩散，信息产品生产、传播的跨国化使全球媒介市场呈现出前所未有的统一和集中趋势，对媒介经营的规模、资本、灵活性、创新性等都提出了更高的要求。在充满不确定性因素的全球化媒介市场中，无论实力多么强大的媒介集团也很难在各个方面完全依靠自己，优势需要借助其他的力量来实现快速的扩张，增强盈利能力，这就促进了战略联盟的产生。

媒介企业战略联盟是指两个或两个以上的媒介集团为了共同的战略目标而达成的长期合作安排，它是一种将企业内部开发同外部业务流程网络有效结合的方式，突破了传统的企业仅仅关注内部开发来获取竞争优势的做法。媒介企业战略联盟既包括从事类似活动的媒介集团之间的联合，也包括从事互补性活动的媒介集团之间的合作；既可以采取股权的形式，也可以采取非股权的形式；既包括强强联合，也包括强弱联合。这种合作或者联合是媒介集团为了公司长远的生存或发展而采取的战略考虑。从严格意义上来说，媒介企业战略联盟是两个或两个以上的媒介集团，出于对整个媒介市场的预期和自身的总体目标、经营风险的考虑，为达到共同拥有市场、共同使用资源和增强竞争优势等目的，通过多种协议而结成优势相长、风险共担的松散型组织。媒介战略联盟的功能主要是为了实现媒介集团战略目标、提升媒介集团竞争力、开拓全球媒介市场、获取技术创新资源、减少风险、争取媒介规模经济效果以及降低媒介市场的竞争程度。媒介战略联盟的形式主要有研究开发型战略联盟、联合销售型战略联盟、合资媒介型战略联盟。

三　并购：以规模为主导的媒介集团成长方式

并购即兼并和收购。兼并指两家或多家独立企业合并成为一家企业，收购指一家企业用现金或者有价证券购买另一家企业的股票或资产，以获得对该企业的全部资产或某项资产的所有权。媒介市场的并购行为极为复杂。最狭义的媒介并购是指媒介的吸收合并或新设合并。比如 A、B 两个媒介公司在并购以后，A 公司的名称、地位依旧保留，而 B 公司融入 A 公司内部，并且不再享有独立的地位，这种形式的并购成为吸收并购。新设并购是指 A、B 两个媒介公司合并后设立一个新的媒介公司 C，A、B 两个媒介公司均解散。比如，汤姆森和路透合并后，成立汤森路透，原来双方的独立地位均不再保留，各自股东持有的股份，按照一定的比例转换为汤森路透的股份。

一般意义上的媒介并购，指的是媒介公司 A 将另一正在经营的媒介公司 B 纳入其内部，或媒介 A 欲借并购其他媒介公司来扩大市场占有率或进入其他细分市场，或将给媒介公司分割出售以牟取利益。这时媒介并购的范围不仅包括媒介的吸收或新设合并，而且包括媒介股权或资产的购买，且这种购买以不取得被购媒介全部股份或资产为限，仅取得部分资产或股份。一般意义上的媒介并购与最狭义的媒介并购的区别在于后者仅指媒介合为一体的情况，而前者并不要求完全的一体化，可以转移部分所有权。

最广义的媒介并购不仅包括媒介所有权部分或全部的转移，而且包括任何媒介经营权的转移，无论是形式上或实质上的转移均包括在内，比如某一媒介集团下属的个别媒介的重组。这种并购有别于一般意义上的并购，其特点在于媒介本身运营并无扩张，甚至媒介经营权在实质上可能没有改变，仅为媒介结构上的重新安排。在这种并购中，媒介业务的质或量均不变，所改变的只是外部形式的“重组”。

从业务关系来看，媒介并购可分为三种类型，即纵向并购、横向并购和混合并购。纵向并购是指媒介产业链不同环节之间所发生的并购，横向并购是指在同一市场、同一媒介产业链环节内发生的并购行为，混合并购是指发生在不同市场、行业间的并购行为。[①]

总之，媒介并购通过增加在某一产业的规模和市场份额，能够增加规模经济，为同样的产品发展出多种收入来源。媒介并购的目标归结起来主要有两点：一是为了完善自己的产品链或业务链，增强公司的市场竞争力；二是为了产生媒介经营的协同效应和市场份额效应，扩大自己的市场份额，增强公司的市场控制力。

本章小结

本章主要介绍大数据时代媒介集团成长的理论基础、基本原则

① 赵曙光：《媒介经济学》，清华大学出版社 2007 年版，第 180—183 页。

和基本方式。媒介集团的成长研究主要基于成长外生理论（最优规模理论、交易成本理论、竞争战略理论）和成长内生理论（彭罗斯的企业资源说、钱德勒的组织能力说、核心竞争力理论、爱迪思的企业生命周期说），媒介集团成长的基本原则是独特价值提供、细分市场选择和业务结构优化，媒介集团成长的基本方式主要有以竞争为主导的创新经营方式、以合作为主导的战略联盟方式、以规模为主导的并购成长方式三种。媒介集团基于企业成长的基本理论和基本原则，选择适合企业发展的成长模式，对于媒介集团实现企业的发展目标是非常重要的。

第五章　基于并购成长机制的汤森路透成长分析:并购与转型

从并购成长机制来看，汤森路透在其并购与转型过程中，前瞻性地预见并快速地适应了全球媒介环境的发展变化，经历了一个从报业→专业出版业→电子出版业和专业资讯业→数字化专业信息服务业的成长过程。这个成长与转型过程是汤森路透前瞻性地预见和把握市场发展趋势的过程，是汤森路透从印刷媒介向电子媒介、从纸质媒介向数字媒介的转型过程，其中最后一个阶段向数字化专业信息服务业的转型，是汤森路透前瞻性地预见大数据时代信息数字化、传播网络化特征而进行的又一次成功转型。媒介集团在大数据时代成长与发展必须注意的关键问题便是要适应信息数字化、传播网络化的发展趋势，适时调整企业发展方向，而汤森路透在这一点上做得非常好。汤森路透前瞻性地预见到了大数据时代的发展趋势，充分利用其在金融、法律等方面数量庞大并不断更新的数据来拓展公司业务。

下面先介绍一下汤森路透当前的企业发展现状。汤森路透集团总部位于美国纽约，总部业务主要分布在英国、印度、美国明尼苏达州的伊根和美国康涅狄格州的斯坦福德。公司总部实行全集团管理制，同时也让各业务部门享有充分的经营灵活性，以便更有效地服务客户。总部的四大工作重点是：战略与资本分配、技术与创新、人才管理和品牌管理。此外，总部还负责公司在传播、投资者关系、税务、会计、财政、司库、法务方面的总体方向，并管理一部分人力资源服务工作，比如员工薪资、福利管理、股权计划以及培训与发展等。

截至2011年12月31日，汤森路透在全球的员工人数已达60500人。从区域分布上来看，其中美洲地区28500人，EMEA地区（即欧洲、中东和非洲）12300人，亚洲地区19700人；从业务部门分布上看，其中事业部29200人（包括法律业务15400人，税务与会计业务5600人，知识产权与科技业务3600人，医疗保健业务2100人，其他业务2500人），市场部27800人，公司总部3500人。

汤姆森公司于2008年收购路透集团后，公司设立了两大部门：一个是市场部，由路透集团和汤姆森公司的金融业务部门合并而成，另一个是事业部，由原有汤姆森公司的法律、税务与会计、知识产权与科技业务部门组成。这种部门结构加快了汤姆森集团对路透的整合，但同时也增加了额外的管理费用，造成组织机构的复杂性。于是，汤森路透在2011年下半年决定打破这种分立的部门架构，将汤森路透凝聚成为一个完整、统一的公司结构。新的公司架构更为简单、平等、有效，且使各业务部门之间更易于合作，以更好地满足客户需求，更及时地把握发展机遇。

根据汤森路透2012年公布的数据资料①，截至2012年，汤森路透的金融业务为全球40000多名客户和400000多个终端用户提供服务；全球500强企业中有80%的企业使用汤森路透提供的法律信息；全球百强注册会计师事务所全部都使用汤森路透的旗舰型税务与会计知识解决方案——“汤森路透检查点”（Thomson Reuters Checkpoint）；全球有两千多万人使用汤

① 数据资料主要来源于汤森路透的“Fact Book 2012”，http：//ar. thomsonreuters. com/home. html，2012年10月31日。

森路透的知识产权与科技产品及服务；汤森路透每年发布一百多万条市场行情信息。

汤森路透的绝大部分营业收入来源于用户订阅，汤森路透主要是通过付费订阅的方式为专业人士提供电子信息内容及服务。汤森路透2011年的总收入如果按照媒介、区域和使用渠道来划分的话，其分配比例分别如图3、图4和图5所示，从这几个图中可以看出，汤森路透90%的业务是通过电子信息、软件及服务的方式提供的，总收入的43%来源于美洲之外的地区，总收入的86%来源于订阅或其他近似的连续性、定期性的合同交易。

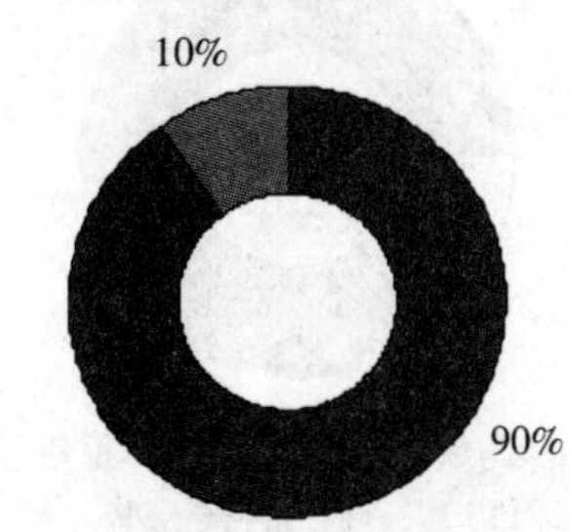

图3　汤森路透2011年按媒介划分的总收入分配比例

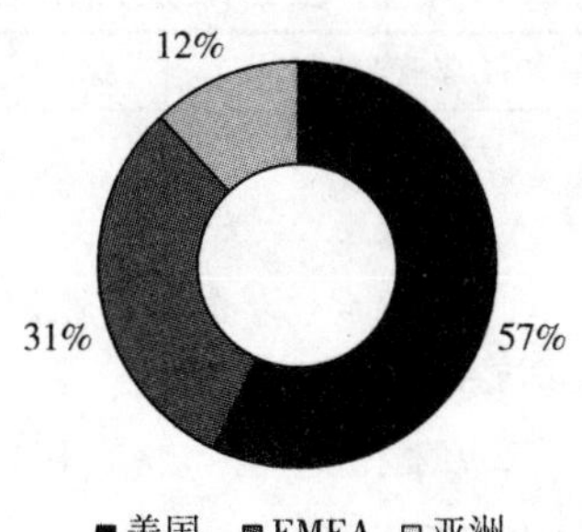

图4　汤森路透2011年按区域划分的总收入分配比例

如果按照其产业结构来划分的话，汤森路透2011年总收入的分配比例见图6。从图中可见，汤森路透的收入主要来源于金融与风险业务和法律业务，两者共占汤森路透总收入的82%。

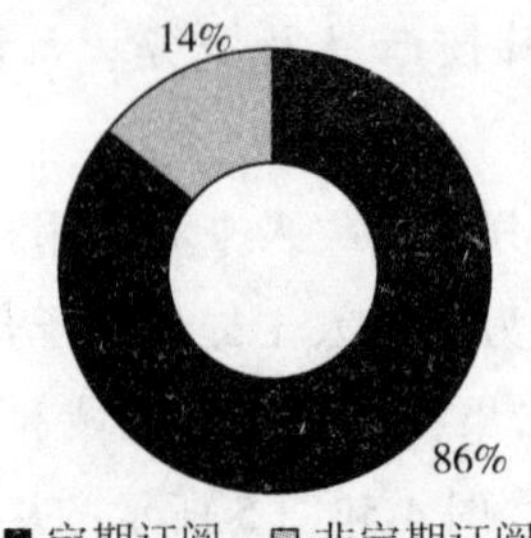

图5 汤森路透2011年按使用渠道划分的总收入分配比例

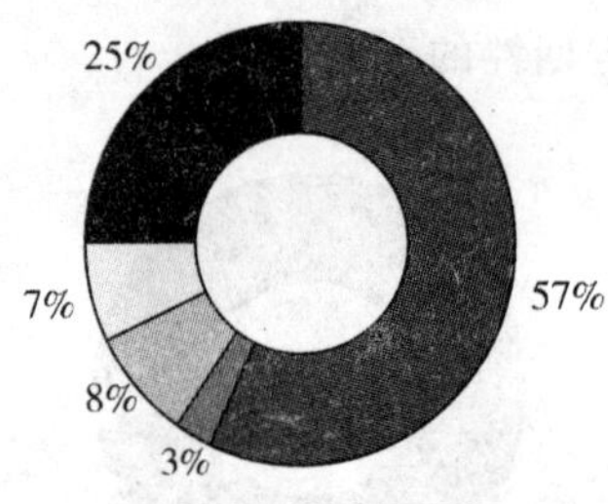

图6 汤森路透2011年按产业划分的总收入分配比例

表2 汤森路透2011年按产业结构划分的总收入分配

业务类型	2011年营业收入	占公司总收入的比重
金融与风险	73亿美元	57%
法律	32亿美元	25%
税务与会计	11亿美元	8%
知识产权与科技	8.52亿美元	7%
媒体	2.91亿美元	3%
	总计：127.43亿美元	100%

汤森路透的主要经营特点可以概括为以下四点：（1）经营目标：做行业领袖。汤森路透的经营目标是，在自己所处的大部分细分市场中保持第一或第二的位置。（2）业务均衡化与多元化。汤森路透业务的均衡化和多元化，主要体现在公司有四类核心客户群，即金

融与风险（Financial & Risk）客户群、法律（Legal）客户群、税务与会计（Tax & Accounting）客户群、知识产权与科技（IP & Science）客户群，公司针对不同的客户群体开展不同的业务。另外，业务分布的地理区域也体现了汤森路透业务的均衡化和多元化。汤森路透2011年营业收入的58%来自美洲地区，30%来自欧洲、中东及非洲（EMEA[①]）地区，12%来自亚洲地区。其中仅最大的一个客户为汤森路透所创造的营业收入就达汤森路透总营业收入的1%。（3）付费订阅的商业模式。汤森路透2011年营业收入的86%都是来源于定期的订阅收费，这种商业模式具有较强而持续的现金流产生能力。（4）强大的技术平台以及富有价值的内容产品。汤森路透不仅拥有许多专有数据库及深嵌式工作流程工具和解决方案，而且还有富有价值的内容产品。汤森路透2011年营业收入的90%来自于其通过电子方式发送的信息内容产品、软件及服务。

汤森路透的成长过程经历过三次重要的业务转型，而这些转型都是通过并购和出售资产来完成的。如第一章第五节所述，企业成长机制主要有三种基本模式，即内部成长机制、并购成长机制和网络化成长机制。企业内部（内在）成长机制是指企业通过自身内部积累以及创造资源和能力来实现企业成长。其核心思想是：企业内部存在的未被利用的剩余资源是企业成长的基本条件，由企业拥有的内部资源状况决定的企业能力决定了企业成长的速度、方式和界限。彭罗斯的资源观是企业内部成长机制理论的主要代表。企业并购成长机制是指企业通过并购（包括收购和兼并）实现成长。并购成长是一种基于不同动机的、日益重要和普遍的成长机制和方式。并购成长往往发生在竞争力非均衡的两个或多个企业之间，在博弈论上属于一种非合作方式。虽然这种基于市场化运作的成长方式可

① EMEA（即Europe、the Middle East和Africa的字母缩写），是欧洲、中东、非洲三地区的合称，通常是用作政府行政或商业上的区域划分方式，这种用法较常见于北美的企业。

以短时间内通过取得外部资源和能力来实现企业规模的大幅扩大，进而占据有利的市场地位和获取较理想的收益，但同时也增加了企业内部的生产费用和管理费用，在获取所需资源的同时也获得了冗余的资源，而且容易引起人力资源管理问题，主要表现为组织内部的文化冲突。因此，成功的并购应在实现并购带来的益处的同时，克服并购有可能带来的弊病。网络化成长机制是指单个企业与其他企业、组织建立正式或非正式的合作关系，借助网络关系在特定的地理范围内迅速获取和共享网络资源，网络资源与企业内部资源的整合成为企业成长的基本动力。①

纵观汤森路透的成长历史可以发现，汤森路透的发展史可以说是一部并购史，汤森路透的诞生就是汤姆森并购路透而成，而汤姆森企业也是从 1934 年收购加拿大地方报纸《提明斯报》开始正式起家。据有文字确切记载的资料数据的搜索和统计结果显示，汤森路透在其发展过程中先后兼并了四五百家企业，其中各类报纸企业就达 200 家，其他企业 200 多家。汤森路透成立后，2009 年完成兼并 31 项，2010 年完成兼并 26 项，2011 年完成兼并 39 项。另外，路透在其发展过程中，也先后兼并 13 家企业。

一路通过并购快速成长的汤森路透，其在 2008 年成立之前的主要并购和发展历史见图 7。

从汤森路透的成长历史中可以发现汤森路透并购成长的规律。汤森路透的并购，从历史时间和所并购企业的性质来看，可划分为 4 个阶段，即 1934 年至 1977 年以报业为主的并购、1978 年至 1989 年以专业出版业为主的并购、1996 年至 2007 午以电子出版和专业资讯业为主的并购以及 2007 年之后的以数字化专业信息服务业为主的并购②。

---

① 邬爱其、贾生华：《企业成长机制理论研究综述》，《科研管理》2007 年第 2 期。

② 注：本节中所探讨的有关汤森路透并购成长史及其历史阶段的划分，主要以汤姆森公司的并购历史为线索，没有过多讨论路透集团成长过程中的并购。

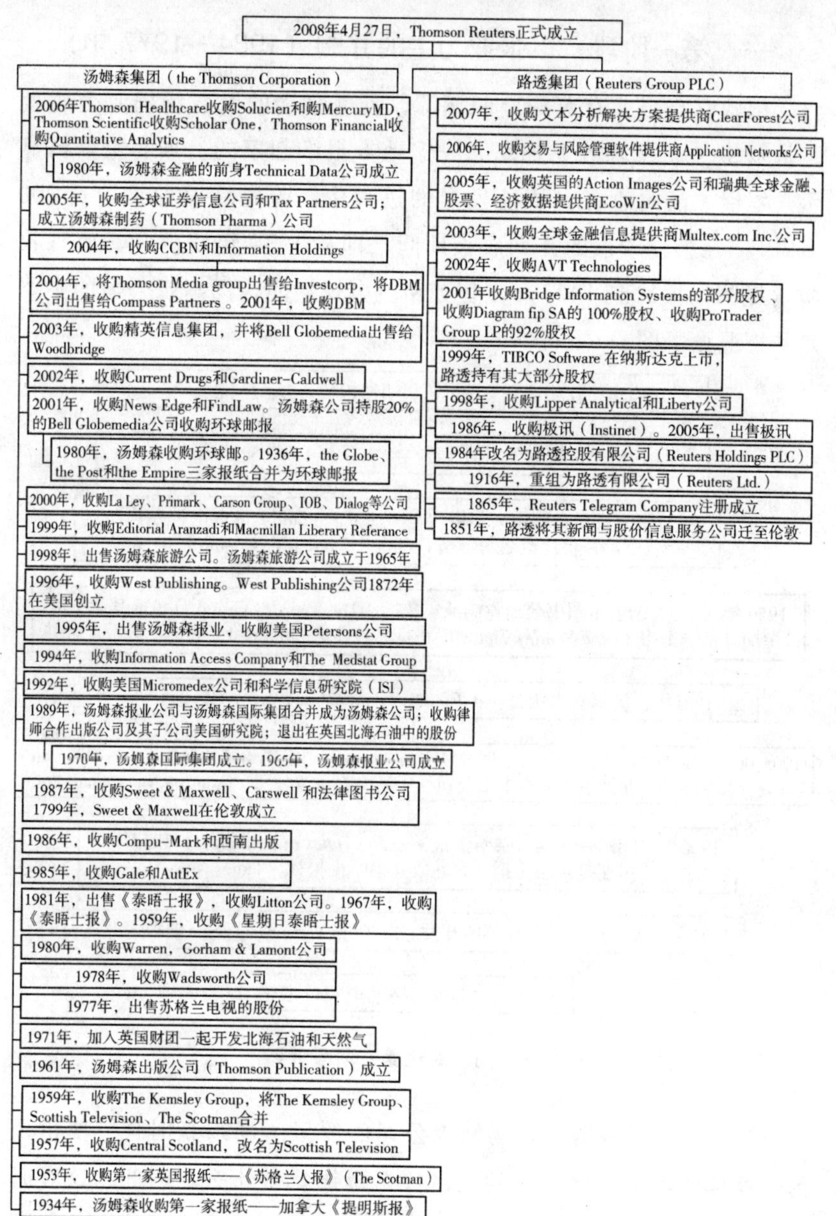

图7 汤森路透并购成长历史

一　第一阶段：以报业为主的并购（1934—1977 年）

汤姆森与报业有着深厚的渊源，汤森路透的前身汤姆森公司就是从罗伊·汤姆森收购加拿大一家地方报纸起家的。据有关资料显示，罗伊·汤姆森在其事业发展的过程中，曾先后兼并报业达 200 多家[①]。在第一阶段的并购成长期间，即从 1934 年罗伊·汤姆森收购《提明斯报》到 1977 年出售苏格兰电视期间，汤姆森公司的主要兼并情况见下图：

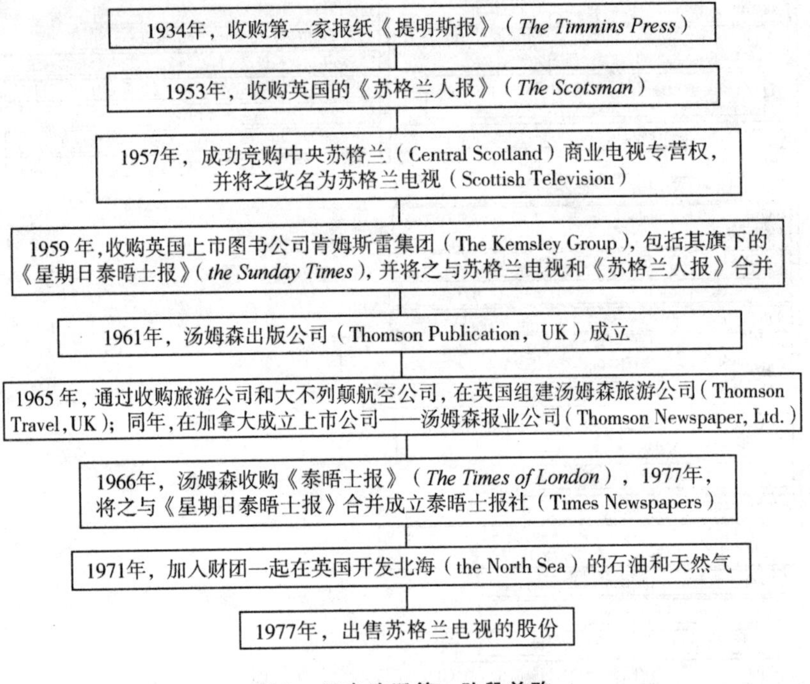

图 8　汤森路透第一阶段并购

第一阶段并购期正是汤姆森公司的罗伊·汤姆森时代，罗伊·汤姆森是个热衷于做生意的人，什么赚钱就做什么，因此，这段时

---

① 资料来源于 http：//en. wikipedia. org/wiki/The_ Timmins_ Daily_ Press，2012 年 11 月 8 日。

期汤姆森公司兼并的企业除了主要的报业之外，还包括电视媒体和旅游业。1957 年，汤姆森成功竞购中央苏格兰（Central Scotland）商业电视专营权，将之命名为苏格兰电视（Scottish Television）。1965 年，汤姆森收购旅游公司和大不列颠航空公司，在英国组建汤姆森旅游公司（Thomson Travel，UK），此外，罗伊·汤姆森还投资开发石油勘探业。1971 年，汤姆森在英国加入财团一起开发北海（the North Sea）的石油和天然气。1976 年罗伊·汤姆森去世后，1977 年，肯尼斯·汤姆森出售了苏格兰电视的全部股份。

但是，报业仍然是第一阶段并购的主线，罗伊·汤姆森与报业有着深厚的渊源，一生中曾先后兼并 200 多家报业。《提明斯报》（The Timmins Press）是罗伊·汤姆森收购的第一家报纸，也可以说是汤姆森事业的起点。《提明斯报》是位于加拿大安大略省的一家地方日报社，每周出版六期。后来，《提明斯报》被卖给了多伦多的一家媒体公司——Hollinger，Inc.。Hollinger 公司由诺亚·提明斯（Noah Timmins）创立，"提明斯（the city of Timmins）"这一地名就是以他的名字命名的。2001 年，这家日报被 Osprey Media 收购。Osprey Media 是魁北克省蒙特利尔市的一家传媒公司——Québecor Inc. 旗下的报纸媒体。

1953 年，罗伊·汤姆森收购他在英国的第一家报纸——《苏格兰人报》（*The Scotsman*）。这是他向海外市场扩张的一项重要并购，是他此后在英国传媒市场扎根立业的基础。《苏格兰人报》是在英国苏格兰首府爱丁堡出版的一家报纸，1817 年由律师威廉姆·里奇（William Ritchie）和海关官员查理斯·麦克莱尔（Charles Maclaren）共同组建。最初，《苏格兰人报》是一份周刊，1850 年苏格兰取消报纸印花税后，《苏格兰人报》改为日报，发行量为 6000 份左右。1953 年，罗伊·汤姆森收购《苏格兰人报》。1995 年，大卫·巴克利（David Barclay）和弗雷德里克·巴克利（Frederick Barclay）以 8500 万英镑的价格收购《苏格兰人报》。2005 年 12 月，现在的《苏格兰人报》所有者约翰斯顿报社（Johnston Press）以 1.6 亿英镑的价格收购《苏格兰人报》。Johnston Press 是一家总部位于爱丁堡的报纸出版社，其旗舰报刊是《苏格兰人报》和《约克郡邮报》（Yorkshire Post）。如今，《苏格兰人报》是英国三大地方报纸之一。

20 世纪 60 年代，是新闻出版行业经历重大变革的时期。这时的罗伊·汤姆森疯狂收购海外报纸，其中包括于 1959 年和 1966 年先后收购的、在英国久负盛名的《星期日泰晤士报》（*The Sunday Times*）和《泰晤士报》（*The Times of London*），成为当时轰动一时的报业新闻。1967 年，罗伊·汤姆森将收购过来的《泰晤士报》与《星期日泰晤士报》合并，成立泰晤士报社（Times Newspapers Ltd.）。1981 年，泰晤士报社及其旗下的《星期日泰晤士报》和《泰晤士报》被默多克新闻集团（News Corporation）下的新闻国际公司（News International）收购。如今，泰晤士报社仍然拥有《星期日泰晤士报》和《泰晤士报》，《星期日泰晤士报》周日出版，《泰晤士报》周一至周六出版。《星期日泰晤士报》是英国最畅销的全国性报纸，当其他一些全国性报纸在 20 世纪初期逐渐小报版面化时，《星期日泰晤士报》仍然保持着大报版面。《星期日泰晤士报》的发行量是其姊妹报《泰晤士报》发行量的两倍多。

20 世纪六七十年代，是罗伊·汤姆森事业发展的巅峰期。1961 年，罗伊·汤姆森在英国成立汤姆森出版公司（Thomson Publication，UK），1965 年，罗伊在加拿大成立上市公司汤姆森报业公司（Thomson Newspapers Ltd.）。至此，在罗伊的领导下，汤姆森报业发展成为跨国的世界级媒体帝国。罗伊也因此成为全球传媒的商业巨头，其影响力不亚于今天的默多克。因此，第一阶段的并购成就了罗伊·汤姆森报业帝国的梦想。1976 年，罗伊·汤姆森去世，他的儿子肯尼斯·汤姆森（Kenneth Thomson）接任董事会主席职位。在肯尼斯·汤姆森的带领下，汤姆森公司的发展方向也出现了转变。

二　第二阶段：以专业出版业为主的并购（1978—1995年）

1978年，汤姆森公司进入以教育出版和专业出版为主的并购发展阶段。1978年，汤姆森公司收购美国西海岸最优秀、最著名的大学教材和职业培训出版商沃兹伍斯（Wadsworth）公司，是其从报业向专业出版业转型的标志。

1977年，也就是罗伊去世的第二年，在肯尼斯的领导下，汤姆森报业公司在美国的报纸发行量首次超过100万份。时隔不久，肯尼斯收购了加拿大唯一的全国性报纸《环球邮报》。但是，《泰晤士报》的发展和经营并不顺利，尽管报纸发行量有所增加，但始终是入不敷出。到1976年，肯尼斯·汤姆森接替父亲职位时，《泰晤士报》的亏损已达几千万英镑。到了20世纪70年代末，现代信息技术的冲击使《泰晤士报》的发行量剧减，亏损更加严重。此外，《泰晤士报》的劳资纠纷更是令肯尼斯身心俱疲。于是，他开始对报业的发展进行反省，并对汤姆森的发展方向进行了调整。

1978年，肯尼斯成为汤姆森公司的董事会主席，就是在这一年，他做出两项重要决策：第一个决策是将公司重组，成立汤姆森国际集团（International Thomson Organization Ltd.），总部设在多伦多，分别在英国和美国设立了分公司。第二个决策是收购美国西海岸最优秀、最著名的大学教材和职业培训出版商之一沃兹伍斯（Wadsworth）公司，标志着汤姆森公司开始进军教育出版及专业出版行业。

从1978年至1995年这段时间，汤姆森公司收购的出版商主要如图9所示。

进入20世纪80年代后，肯尼斯·汤姆森在北美、欧洲和澳大利亚陆续收购了大量的金融、法律、教育、医疗等专业出版社和信息公司。比如，1980年收购金融专业图书出版公司Warren，Gorham

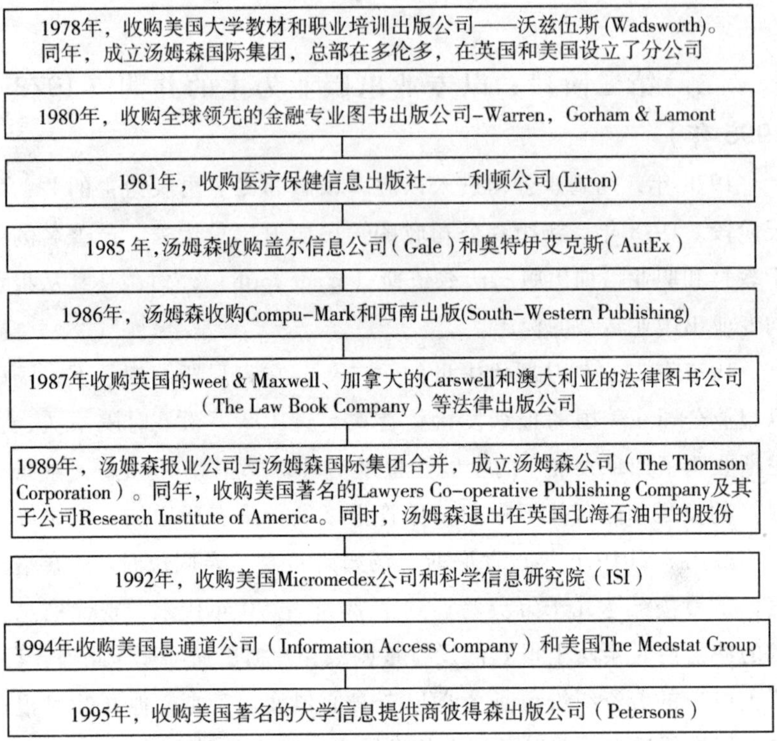

1978年，收购美国大学教材和职业培训出版公司——沃兹伍斯(Wadsworth)。同年，成立汤姆森国际集团，总部在多伦多，在英国和美国设立了分公司

1980年，收购全球领先的金融专业图书出版公司-Warren，Gorham & Lamont

1981年，收购医疗保健信息出版社——利顿公司(Litton)

1985年，汤姆森收购盖尔信息公司（Gale）和奥特伊艾克斯（AutEx）

1986年，汤姆森收购Compu-Mark和西南出版(South-Western Publishing)

1987年收购英国的weet & Maxwell、加拿大的Carswell和澳大利亚的法律图书公司（The Law Book Company）等法律出版公司

1989年，汤姆森报业公司与汤姆森国际集团合并，成立汤姆森公司（The Thomson Corporation）。同年，收购美国著名的Lawyers Co-operative Publishing Company及其子公司Research Institute of America。同时，汤姆森退出在英国北海石油中的股份

1992年，收购美国Micromedex公司和科学信息研究院（ISI）

1994年收购美国息通道公司（Information Access Company）和美国The Medstat Group

1995年，收购美国著名的大学信息提供商彼得森出版公司（Petersons）

图9　汤森路透第二阶段并购

Lamont, Inc.，1981年收购医疗保健信息出版社利顿公司（Litton），1985年收购盖尔信息公司（Gale）和奥特伊艾克斯（AutEx），1986年收购Compu-Mark和西南出版公司（South-Western Publishing），1987年收购英国的斯威特马克斯韦尔（Sweet & Maxwell）、加拿大的卡斯威尔（Carswell）和澳大利亚的法律图书公司（The Law Book Company），1989年收购美国著名的律师合作出版公司（Lawyers Co-operative Publishing Company）及其子公司美国研究院（Research Institute of America）。1992年，收购美国Micromedex公司（全球最大提供临床医药学资料库的公司）和科学信息研究院（ISI，Institute for Scientific Information）；1994年，收购美国工具书和数据库服务公司——信息通道公司（Information Access Company）和美国医学信息数据库和决策支持软件出版公司——梅德斯塔特集团（The Medstat Group）；1995 年，收购美国著名的彼得森出版公司（Petersons）。

在第二并购阶段，汤姆森公司的发展侧重点经历了一个重要转变，即由教育出版逐步转向以专业出版为重点。1978 年汤姆森公司兼并的 Wadsworth 就是一家以教育和培训为主的出版商，但之后的一些兼并除了收购教育出版商之外，更重要的是大规模收购重要的专业出版商，兼并对象涉及金融、法律、医疗、教育等多个专业领域，这些都显示汤姆森公司的发展重点正在发生转变。汤姆森公司从教育出版到专业出版的侧重点转移是 1985 年出任汤姆森公司总裁的大卫·布朗及其管理团队提出的一条发展路线，布朗的目标是打造顶级专业出版公司。布朗认为，专业出版存在巨大潜力，是一个增长型领域。在布朗任职的 12 年当中，汤姆森的大众出版业务全部被出售。另外，凡是布朗认为与专业化信息出版无关的业务，以及汤姆森公司不可能在其中取得领导地位的业务，都不再是公司优先发展的对象。

所谓专业出版，指的是与某一职业或行业相关的出版。专业出版的英文为“professional publication”，其中的“professional”一词的意思是“专业的、职业的、与职业相关的、从事某一职业的或适合某一职业的”，主要包含专业和职业两个内涵，二者具有内在一致性，专业的通常是职业的。一般来说，现代出版业由大众出版、教育出版和专业出版三部分构成。“大众出版是指与大众的日常生活、休闲阅读及文化体验相关的出版，是大众消费层次的出版。教育出版是指与学习、教育、培训有关的出版，在我国以出版中小学教材教辅及培训教材为主，是一种产品最为模式化、标准化的出版。专业出版是指与职业和行业相关的出版，是最专、最深、最细分的出版。国外通常以职业和行业为分类标准，包括财经、法律、科技和医学四大类，而在我国传统的出版分类中很难找到恰当对应的称呼。

我们所谓的专业出版一般是以大学及以上层次的教材和专业学术书籍为主要出版物，面向大学或以上学历层次的读者，以具备高度专业化的编辑为主要从业人员的出版。”① 与大众出版和教育出版相比，专业出版是一种更讲求专业、深度和细分的出版理念。专业出版一般都是专门出版某些行业的专业用书，包括行业性专著、学术性专著和专业性工具书等，为行业从业人员从事专业工作、研究、教学等提供帮助。正因为“专业”，所以这类出版的准入门槛较高，市场比较稳定，利润比较高，且比较容易形成品牌。随着知识经济的到来，各类产品及服务中的知识含量越来越高，从业人员中知识人口比重加大，特别是专业人员数量越来越多，从而带动了各行各业对知识和信息的需求，于是专业出版业也日益重要。布朗预见到这种发展趋势，于是领导公司朝着专业出版的方向发展。

在这一阶段，肯尼斯组建了汤姆森公司（The Thomson Corporation)。1989 年，肯尼斯将汤姆森报业公司（Thomson Newspapers）与汤姆森国际集团（the International Thomson Organization）合并，成立汤姆森公司。但是，到了 1995 年，汤姆森公司出售了汤姆森报业的全部资产。此前，汤姆森公司已经陆续退出石油、天然气等行业，于 1989 年退出在英国北海石油（North Sea Oil）中的股份。汤姆森公司用这些出售资产所获得的资金酝酿着新一轮的收购，从而使汤姆森公司进入下一个并购发展阶段。

三　第三阶段：以电子出版和专业资讯业为主的并购（1996—2007 年）

1996 年，汤姆森公司进入第三并购阶段，即以电子出版与专业资讯业服务业为主的并购阶段。1996 年，汤姆森公司斥巨资 34.3 亿美元买下美国西部法律（West Law)，在美国出版界乃至华尔街引起

① 程三国：《现代出版业的结构与商业模式》，《2004 年中国文化产业发展报告》，社会科学文献出版社 2004 年版。

巨大震动，也是汤姆森公司从专业出版业向电子出版及专业资讯业转型的标志。

20 世纪 90 年代后，随着电脑进入千家万户、网络逐渐普及到全球每一个角落的时候，人们的阅读方式和获取知识的渠道也开始发生巨大的变化。尤其在很多年轻人的生活中，“鼠标”已经取代了书报和纸笔。在这种网络日益普及的媒介环境下，传统纸质图书面临着网络带来的巨大“威胁”。针对这种境况，汤姆森公司也开始寻求新的突破。此时，虽然欧美很多出版商已经意识到，对于传统的出版业而言，新技术不仅意味着新挑战，也可以为多年来相对平静的出版领域注入一些新的活力。当传统出版业与网络实现对接，新的组合所蕴藏的潜力是巨大的，后来有许多企业都逐步调整经营策略，将传统的印刷出版业转向电子出版。但要说这一转型的开山鼻祖，恐怕要属肯尼斯·汤姆森了。

在这种新的形势下，汤姆森公司陆续卖掉了旗下除《环球邮报》以外的所有报纸。肯尼斯对《环球邮报》情有独钟，为了实现汤姆森公司全面退出报业的战略发展计划，肯尼斯最终于 2003 年将《环球邮报》出售给自己的家族企业 Woodbridge 公司。除报业之外，汤姆森公司于 1998 年出售汤姆森旅游公司，这一系列举措是为了积聚精力进军新的领域——电子出版与专业资讯业，为收购电子出版商及专业资讯信息商提供资金支持。

1996 年年初，汤姆森经过一番苦战终于完成了对西方出版公司的收购。尽管汤姆森出售了很多资产，但收购这家具有 140 多年历史的专业法律出版商仍然使汤姆森公司背负了巨额债务。为此，汤姆森家族将所有分红重新投入到公司，大约两年后才全部还清债务。另外，西方出版公司的高层很担心收购后公司的发展前景。对此双方进行了一系列漫长的会晤和公关后，汤姆森领导层与西方出版公司的所有者之间逐步建立起信任关系，最终完成了收购。西部出版公司（West Publishing Company）的董事长万斯·奥普曼

(Vance K. Opperman) 从 1996 年起一直担任汤姆森公司及之后的汤森路透集团董事会的董事。如今，西部出版公司仍然属于汤森路透集团。

众所周知，西方出版公司在整个西方法律出版市场占有举足轻重的地位，是美国最具影响力的法律图书出版商。从当时的资料来看，西方出版公司同时还拥有 www. westlaw. com 网站和 www. lawoffice. com 网站，分别收录了 10000 个法律、财经和新闻数据库和 100 万份律师、律师事务所档案，提供各种法律服务，每月网站访问者达几十万人次。西方出版公司的营业收入分为三类，分别是律师事务所网站（40%）、赞助商（30%）和档案（30%），这些都是汤姆森公司迫切需要的资源。

虽然收购西方出版时很多投资者都对公司因为收购带来的债务深感不安，但后来的事实证明，对于想要成为专业信息供应商的汤姆森公司来说，收购西方出版公司是多么必要。因为西方出版公司的加入不仅给汤姆森公司带来了权威的法律出版资源，还有一流的技术服务和通畅的网络服务。兼并完成后，这些技术支持和分销网络不仅能够支持原有的法律信息资源流通，而且能够被汤姆森公司用来为其他专业客户和更多的人士提供一站式服务。市场对汤姆森公司的这一转型给予了热烈回应，汤姆森公司的股价也因此大幅提高。

汤姆森公司进入第三并购阶段的另一个重要标志是 1997 年理查德·哈灵顿（Richard J. Harrington）的上任。理查德·哈灵顿被任命为汤姆森公司的董事长兼 CEO 后，他和他的管理团队在新的信息时代环境下通过分析得出结论：汤姆森公司应当把重点放在电子出版领域。在他的努力之下，汤姆森公司朝着电子出版的发行大踏步前进。

与传统的出版物相比，电子出版物有着不可比拟的优势：首先，电子出版可以大大降低成本。纸质出版物消耗了大量森林资源，也造成了严重的环境污染。其次，电子出版可以与发行同步进行。电子图书在网络出版的同时便实现了传统意义上的发行，也实现了真正意义上的零库存。网上出版与发行的同步，大大节约了发行成本。第三，电子出版物可以保持低价位。由于网络出版直接面向读者，减少了发行商、书店等一些中间环节的支出，使得电子图书比纸质图书的购买费用低很多。第四，电子出版物检索起来比较方便。通过关键字词的检索，读者可以迅速找到所需内容，可进行目录和全文检索，阅读起来更加方便快捷，这是网上图书相对于纸质图书最为显著的优势之一。第五，电子图书的阅读方式更为自由。读者可以不受空间和时间的限制，只要有网络，在任何时间和地点都可以阅读。第六，许多工具书，采用电子数据出版可以不断地更新内容，能够更及时地使需求者得到最新的版本。

在第二并购阶段收购大量金融、法律、医疗、教育、科技等专业出版机构的基础上，汤姆森公司在第三并购阶段又大规模地收购专门提供专业信息的电子服务商、软件公司和数据库管理公司等专业信息数字化企业。汤姆森公司将这些数字化企业与专业出版企业巧妙结合起来，利用顶级的专业出版资源、一流的技术支持以及通畅的分销网络，将这些资源打造成一个涵盖全球范围内的金融、法律、教育、医疗保健等信息的庞大数据资源库。

汤姆森公司在第三并购阶段的兼并情况如下：

1996 年以后，汤姆森公司开始大规模收购电子信息服务提供商和专业信息服务提供商，所涉及的领域除了之前的金融、法律、医疗、教育之外，还扩展到税务与会计、知识产权与科技等领域，这些领域如今已经成为汤森路透的主要业务范围。

这一阶段汤姆森公司收购的企业多是各自所在领域的佼佼者，所兼并的企业主要在美国、加拿大、英国、澳大利亚和拉美地区，如美国的西部出版公司、麦克米兰图书馆工具书出版社（Macmillan Library Reference USA）、全球金融和经济信息产品及解决方案提供商

图 10　汤森路透第三阶段并购

普瑞玛克（Primark）公司、金融信息服务公司卡森集团（Carson Group）、全球最大的在线信息服务提供商戴尔罗格（Dialog）公司、全球新闻与信息提供商及教育出版商哈考特大众公司（Harcourt General）、全球最大的免费在线法律信息和服务提供商 FindLaw 公司、综合金融管理应用及软件提供商精英信息集团（Elite Information Group，inc.）、有关科技、法律和企业市场知识产权和监管信息的提供商信息控股公司（Information Holdings Inc.）、固定收益在线交易平台公司TradeWeb公司、网络传媒服务提供商CCBN公司、在线证券及与证券相关的信息和研究服务提供商全球证券信息公司（Global Securities Information，Inc.）、医疗系统先进数据分析服务提供商Solucient公司、网上工作流程管理软件及解决方案提供商Scholar One公司、金融服务行业集成数据库和分析数据解决方案提供商定量分析公司（Quantitative Analytics，Inc.）、医疗保健移动信息系统提供商MercuryMD公司；西班牙最大的法律出版社Editorial Aranzadi S. A.；阿根廷最大的法律出版社拉雷（La Ley）公司；巴西重要出版社IOB公司；加拿大最大的税务合规服务提供商税务伙伴公司（Tax Partners®，LLC）和加拿大的新闻边际公司（News Edge Corporation）；英国的全球领先的制药和生物行业信息与解决方案提供商Current Drugs公司和全球最大的医学教育和通信业务公司伽迪纳—卡德维尔公司（Gardiner-Caldwell）等。

汤森路透在这一阶段的兼并逐步确立了其在专业信息业的稳固地位，尤其是其法律业务、税务与会计业务、金融业务等在业界享有盛名。汤森路透作为专业信息提供商的迅猛发展，为其在后一阶段兼并历史悠久的英国路透社打下了坚实基础。

四 第四阶段：以数字化专业信息服务业为主的并购(2007年以后)

第四并购阶段的标志是2007年汤姆森公司提出收购路透集团。经过一番周折，汤姆森公司于2008年成功收购路透集团。为了收购路透社，汤姆森公司经过了良久酝酿。2002年，大卫·汤姆森（David K. R. Thomson）被任命为汤姆森公司董事会主席，为公司的发展注入了新的理念和动力。2003年10月，汤姆森公司出售其制药业务，将Medical Economics卖给Advanstar公司。2004年，汤姆森将主要经营印刷类信息产品的汤姆森媒介集团（Thomson Media group）出售给Investcorp公司。2007年5月，汤姆森公司完成汤姆森学习公司（Thomson Learning）的高等教育、职业生涯和库参考资产的出售。汤姆森公司的这些非核心资产的出售，是为了更进一步地向电子化、数字化专业信息服务领域迈进。2008 年，即汤姆森公司前任董事会主席肯尼斯·汤姆森去世两年后，汤姆森公司成功收购路透集团。

汤姆森公司成功兼并路透集团，全球最大的金融信息供应商汤森路透诞生。并购后诞生的汤森路透集团拥有全球金融信息服务市场 34% 的份额，在市场份额上超过其强劲对手彭博通讯社一个百分点，一跃成为全球最大的财经新闻和数据公司。在此项兼并之前，美国的彭博社、英国的路透集团和加拿大的汤姆森公司在全球金融信息市场形成一个三足鼎立的态势，彭博社拥有 33% 的市场份额，路透社占有 23% 的份额，汤姆森公司占有 11% 的份额。这次兼并使汤姆森公司和路透集团可以通过资源整合，实现优势互补，从而也造就了一家更加全面、更有竞争力的媒介集团。

路透社是世界前三大多媒体新闻通信社之一，有着 157 年的悠久历史。路透社拥有遍布全球的信息网络，在全球 100 多个国家和地区设有近 200 家分支机构，拥有几千名专业采编人员和摄影记者，其新闻信息产品及金融信息服务在全球享有极高声誉。这些都是汤姆森集团缺少的和迫切需要的。汤姆森集团早些时候卖掉了所拥有的北美和加拿大的百家报刊，这样虽避免了以后可能出现的经济损失，但也失去了报社所拥有的新闻信息采集网络和采编人员的宝贵资源，使汤姆森公司在采集信息时产生诸多不便，导致金融信息只能依靠第三方来源提供，这必然会影响到汤姆森公司产品与服务的吸引力以及信息发布的速度与独家性。两家公司合并后，采编资源得到整合，汤姆森公司可以利用路透社的采编资源，使产品和服务质量的提升有了资源保障。汤姆森公司和路透集团的合并实现了双方在地缘优势和业务优势上的互补。根据有关资料显示，路透集团 2006 年收入的 54% 来自欧洲市场，来自美国市场的利润不足三成，而汤姆森集团的同期收入近 81% 来自美国市场，欧洲市场的利润只有 14%。这种地缘优势的互补使汤森路透的营销渠道分布更加合理，市场覆盖范围更加广泛，有利于获取更多的用户和利润收入。在业务方面，路透集团在提供财经数据方面实力明显，而汤姆森公司在历史数据与新闻相关链接方面做得更加出色。双方合并后两方面的数据可以共享，可以免除支付不必要的费用，有利于节约成本。另外，收购大名鼎鼎的路透社，使并购后的汤森路透集团的知名度大大提高，为其在今后的竞争和发展中树立了非常好的品牌效应。

汤森路透诞生后，公司仍未停止并购，反而是加快了并购速度。公司继续进行以核心业务为主线的兼并，2009 年完成兼并 31 项，2010 年完成兼并 26 项，2011 年完成兼并 39 项。2010 年，汤森路透巨资收购了以下公司：总部分别位于伦敦和纽约的财经软件服务提供商 Complinet 公司、能源和环境市场分析数据及新闻信息提供商点碳公司（Point Carbon）、总部位于温哥华的矿产勘探公司 Serengeti 公司、总部分别设在美国纽约和印度孟买的法律外包服务提供商 Pangea3 公司、加拿大法律图书出版社（Canada Law Book）、巴西法律出版社（Revista dos Tribunais）、为制药研究与开发提供生物科技与疾病资讯、分析数据与决策支援解决方案的 GeneGo 公司，以及电子交易解决方案和测试工具提供商 Aegisoft 公司。2011 年，汤森路透所兼并的收购价格超过 5 千万美元的公司包括美国的地产税务自动化与土地注册软件的提供商 Manatron 公司、巴西的税务与会计软件提供商 Mastersaf 公司、英国的金融犯罪与反腐信息提供商 World-Check 公司和美国的注册经纪交易商 Rafferty Capital Markets 公司。其中主要的大并购及其区域分布见下图 11。

在第四并购阶段，汤森路透兼并的企业多为软件技术公司和专业数据公司，并逐步确立了自己在电子化数字化专业信息服务领域的领导地位。汤森路透通过以核心业务为主线的兼并，不断壮大在法律、金融与风险、税务与会计、知识产权与科技等领域的专业信

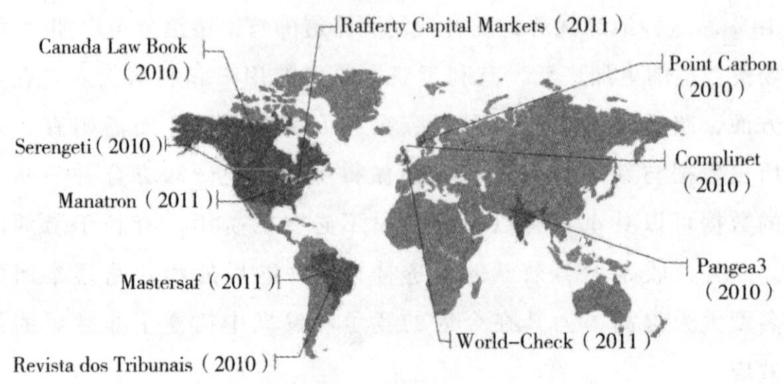

图 11　汤森路透第四阶段主要并购企业区域分布

息数据库，创立了一个知名的电子资讯服务供应商的世界品牌，成为数字化专业信息服务行业的传媒巨头。

汤森路透的发展历程再次验证了强者愈强的“马太效应”。1968年，美国科学史研究学者罗伯特·默顿（Robert K. Merton）首次提出“马太效应”，认为“任何个体、群体或地区，一旦在某一个方面（如金钱、名誉、地位等）获得成功和进步，就会产生一种积累优势，就会有更多的机会取得更大的成功和进步”①。在媒体行业，整合、并购似乎已成为一个必然发展趋势。

从汤森路透以上四个转型发展阶段可以看出传媒企业家优秀的领导能力对传媒公司发展的重要性。传媒企业家对传媒市场发展趋势的前瞻性，是一个传媒企业把握机会、飞速发展的关键要素。汤姆森公司经历的四大业务转型都体现出汤姆森公司，尤其是当时汤姆森公司的掌舵人肯尼斯·汤姆森的杰出的对市场发展趋势的判断能力。在同一个环境中，肯尼斯所获得的信息和别人是一样的，但他善于根据现有环境对公司未来发展做出明智的预测，这对汤姆森公司的发展方向和发展策略都起着至关重要的作用。在20世纪80年代，当报纸还有30%的利润空间时，肯尼斯看到了新兴媒体互联

① http：//baike. baidu. com/view/7020. htm，2012年11月17日。

网对它的威胁；当旅游业方兴未艾时，肯尼斯预见到旅游业的进入门槛低，不久之后市场将达到饱和状态；当北海的石油还像黄金般值钱时，他预计到油价已经达到了最高点，不久势必呈现出下跌趋势。于是，肯尼斯卖掉了这些当时还如日中天的产业，转向当时并不怎么被业界看好的专业出版业。而汤姆森公司向电子化专业资信服务提供商方向进军的灵感，则来自于有一天年迈的肯尼斯辛苦地在加拿大一家图书馆查阅资料所遭遇的不便，因为他要查的书放在图书馆一个书架上的最高一层，他不得不借助梯子，在助手的搀扶下，爬上去查找资料。后来，他也听到了其他人在获取资料和专业知识时遇到的各种不便，比如，到图书馆查阅资料要花更多的时间，有时去了还不一定能找到所需要的资料；有些专业资料和图书只能在图书馆内阅读，不能随时携带出来；图书价格较高，通过买书来获取信息资料的成本较高；图书馆提供的资料具有滞后性等。于是，敏锐的肯尼斯就马上提出方案，建议建立一个电子的专业网站，将人们所需的专业信息都放在上面，同时，还可以将这些无限量的网络资源进行更新，以方便人们随时查阅。在20世纪90年代，当人们对网络还不甚了解时，肯尼斯这一对市场发展趋势的判断和决策无疑是非常具有前瞻性的。不久之后，汤姆森公司就作出了战略决策：从传统媒体转向数字化专业信息服务。这次转型的成功，令肯尼斯的老对手康拉德·布莱克也不得不承认："这的确是个天才的转型。"

传媒企业家作为媒介集团的掌舵人，不但要具有企业管理和实际运作能力，更重要的是要有高超的领导能力和战略规划能力，要具备高瞻远瞩的、敏锐的洞察力，能够在瞬息万变的传媒市场上，迅速识别出真正的发展机会，并有能力快速组织资源来实施企业的发展战略。优秀的传媒企业家是媒介集团的创新舵手，能够运用新技术、新媒体、新商业模式，大力拓展企业的发展空间。中国一些新媒体行业的传媒企业家，比如新浪的曹国伟、腾讯的马化腾、网易的丁磊、搜狐的张朝阳、百度的李彦宏等，已经成为一批具有影响力的企业家，他们没有传统媒体的特许经营的保护，自创立之日起就在激烈的市场上进行着竞争，他们的创新精神开辟了新媒体市场的新纪元新景象。

汤森路透在其成长过程中，能够快速适应媒介环境的不断变化，并及时地成功调整业务发展方向，这是汤森路透在激烈的媒介竞争市场中能够不断发展壮大的重要原因之一。2007 年汤森路透成立之后，逐渐朝着数字化专业信息服务商的方向发展，并在这一领域树立起领导者的地位。数字化专业信息服务行业符合大数据时代信息数字化和传播网络化的发展趋势，符合受众（或用户）不断细分的现实，符合大数据时代个人或企业对信息需求的个性化与综合化要求、对知识索取的经济性与价值性要求以及对信息获得的便捷化要求。

因此，在大数据时代，我国的媒介集团或者传媒企业家对媒介市场发展趋势的敏锐把握，对中国媒介集团的发展至关重要。一个成功的传媒企业家，必须要有敏锐的洞察力和识别机遇的能力。对市场发展趋势的敏锐预测，这样的成功都是无法复制的，因为这种成功的优势在于先知，这种优势在成功的那一刻起就意味着丧失。比如，当肯尼斯・汤姆森推出电子化信息资讯服务时，赚取了大量财富，而如果在今天再进入这个竞争日益惨烈的行业，利润空间也就大幅缩小了。在大数据时代，大数据分析的风险与机遇、媒介集团内部各个部门之间的统一协调与问题解决等，很多时候只有公司高管能掌控，因此，传媒企业家及媒介集团高管对公司的发展起着重要的作用。

本章小结

本章基于并购成长机制梳理并分析汤森路透成长过程中所经历

的四次转型与发展阶段，即 1934—1977 年以报业为主的并购阶段、1978—1995 年以专业出版业为主的并购阶段、1996—2007 年以电子出版业和专业资讯业为主的并购阶段、2007 年之后的以数字化专业信息服务业为主的并购发展阶段。经过四个不同的并购发展阶段，汤森路透逐渐从报业向专业出版、电子出版和数字化专业信息服务业方向发展，并成功实现了核心业务的转型。汤森路透的并购与转型是敏锐把握媒介市场变化、成功地预见媒介市场发展趋势的结果，其中最后一个阶段向数字化专业信息服务业的转型，是汤森路透前瞻性地预见大数据时代信息数字化、传播网络化特征而进行的又一次成功转型。汤森路透最后一个阶段的转型说明，大数据时代媒介集团的发展趋势是：网络化的数字媒介将越来越受到用户的青睐，而易得的、专业化的、深刻而有价值的数据信息将更能满足受众的需求。

第六章　基于创新成长机制的汤森路透成长分析：创新与发展

第一节　全球六大媒介集团的竞争规律

维亚康姆、时代华纳、迪斯尼、新闻集团、维旺迪和贝塔斯曼这六大媒介集团在全球传媒市场中占据着非常重要的地位，对全球传媒市场的发展起着举足轻重的作用，同时，这六大传媒集团在竞争规律上呈现出一些共同的特点。

维亚康姆公司是一家大型传媒娱乐集团，涉足的业务领域是电影、电视、广播、出版及与娱乐相关的其他零售业务。维亚康姆公司是经历了两次重大兼并后所造就的一个传媒巨头，第一次是1987年雷石东拥有的创建于20世纪70年代的国家娱乐公司——一家影院连锁公司——收购美国第十大有线运营商维亚康姆公司，第二次是2000年维亚康姆收购哥伦比亚广播公司。维亚康姆以电影、电视、音乐产业等传统产业作为核心业务。

时代华纳公司是一家规模巨大的、领导全球传媒和娱乐的美国上市公司，涉足电影、电视、有线网络、音乐唱片和出版业。时代华纳旗下的HBO、CNN、时代华纳有线、华纳音乐、华纳兄弟影业、《时代》与《财富》杂志等提供种类齐全、数量庞大的音乐、电影等娱乐内容以及新闻资讯。时代华纳诞生于1989年，由时代公司收购华纳公司后兼并成为一个集全球优势出版、娱乐资源的传播娱乐业霸主。时代华纳在美国、英国、德国、法国、加拿大、日本等国家和地区都有业务经营。2000 年，美国在线收购时代华纳，但好景不长，合并后两家公司存在较大矛盾。2003 年，公司宣布“美国在线时代华纳”重新改名为“时代华纳”。2009 年，美国在线和时代华纳彻底分拆。这次代表着渠道与内容的融合模式没有实现内部资源的有效整合，主要表现为核心业务、企业文化和内部管理的整合不力。这次并购给世人留下的启示是，媒介集团不仅要并购做大，更须整合做强。

迪斯尼集团是全球最大的娱乐传媒帝国，“内容为王，质量为上”和品牌价值链管理模式是迪斯尼的制胜秘诀。迪斯尼是在娱乐业“同一内容多渠道应用”上做得最好的，它将电影、传媒、唱片、体育、主题公园、剧场、游戏、互联网等聚合起来，从一部成功的电影上就能赚取巨额利润。

新闻集团是当今世界规模最大、国际化程度最高的综合性国际媒介集团之一，从一家澳大利亚的地方小报发展成一家集电影、电视、有限网络、卫星电视、杂志、报纸、图书出版等业务领域的全球传媒帝国。1985 年，新闻集团的老板默多克为了取得美国有线电视的经营权，放弃澳大利亚国籍加入了美国国籍，并将公司的注册地迁到了美国，从这一举动就能看出默多克新闻集团的全球经营野心。2007 年 8 月 1 日，默多克又以 50 亿美元的价格收购了道琼斯公司和它的《华尔街日报》，班克罗夫特家族对道琼斯一百多年的统治宣告结束。新闻集团的成功之道主要是政治公关以及以软“性”趣和体育新闻代替硬新闻。但是，这一传媒帝国在半个多世纪的发展之后，却因窃听丑闻而引发了一场危机，成为众矢之的。2011 年 7 月 7 日，默多克之子詹姆斯·默多克宣布关闭《世界新闻报》。7 月 10 日，这份在英国发行量最大的周日小报在英国发行了最后一期，为它 168 年的历史画上了句号。这份名流八卦小报终于因滥用自由、追求独家、漠视法律而走向终结。这场窃听丑闻引发了全球范围的对媒体新闻价值观和道德观的大讨论，厘清“新闻自由”与“社会责任”的关系是传媒界至关重要的事情。如今，新闻集团的业务覆盖北美、欧洲和澳洲等地区，控制了英国40%的报纸、美国40%的电视台、澳大利亚60%的报纸，它的观众、读者数量已超过了世界四分之三的人口。

维旺迪环球集团是由法国有150多年历史的通用水务集团发展而来，1998年公司改名为维旺迪。随后通过兼并和收购相继进军电信、网络、娱乐和传媒产业，成为一家从事多种经营的综合性企业，业务涉及环境、音乐、影视、出版、互联网等领域。维旺迪环球要建设的是随时随地通过各种渠道满足消费者所有需求的全媒体集团，事实证明，这种愿望在现实中是难以实现的。维旺迪发展战略上的缺陷在于：内容建设上缺乏信息的提供，只有音乐和电影显然不构成消费者随时接入互联网的理由，更何况这些娱乐内容又不及迪斯尼集团具有吸引力；渠道建设上所购买的渠道的影响力非常有限。

贝塔斯曼集团是一家从德国的小镇图书印刷公司发展起来的跨国媒介集团，业务覆盖出版、音乐、电视、互联网等领域。贝塔斯曼是一个家族企业进军传媒业的典范，其主要业务领域集中在图书出版上，是世界上最大的跨国图书出版销售企业。贝塔斯曼旗下有卢森堡广播电视公司（RTL）、图书出版公司蓝登书屋、贝塔斯曼音乐娱乐集团（MBG）、报刊出版公司格鲁纳雅尔、贝塔斯曼施普林格出版集团（全球主要的商业和科学出版物供应商）、阿多瓦集团（旗下有印刷公司和DVD制造公司等）、贝塔斯曼直接集团（负责客户直销业务，包括书友会、音乐俱乐部和电子商务）。贝塔斯曼的主要核心市场是西欧，包括德国、法国、英国、西班牙等，美国也占有较大的市场份额，贝塔斯曼正在努力扩展俄罗斯、印度和中国的市场。

从以上全球六大跨国媒介集团的发展概况来看，它们的竞争规律呈现以下特点：

（1）垄断趋势显著。主要经济体国家的国内市场已经基本被几大跨国媒介集团垄断。比如，进入《财富》500强的时代华纳、贝塔斯曼、新闻集团、迪斯尼、维旺迪环球等8家跨国媒介集团拥有全球5大唱片公司的4家、好莱坞8大电影公司的7家。全球近2万种杂志中，80%以上的份额被不到20家媒介集团垄断。

（2）通过并购的途径扩大市场份额和产品渠道，实现规模经济，增强竞争力。回顾全球大型跨国媒介集团发展历史可以看出，这些跨国媒介集团均是通过不断地并购来迅速扩大公司规模，扩展在全球市场的占有率。合并的结果就是一些超级媒介集团联合垄断了全球传媒产业。

（3）跨媒体经营成为跨国媒介集团维持盈利的重要手段。随着数字技术的出现，媒体种类极大丰富，也改变了传媒业的生产和经营模式，新旧媒体的竞争与融合并存。跨国媒介集团的扩张一般都和媒体的技术发展路径吻合，即遵循“出版+电视+电影+互联网”的模式进行。

（4）在业务经营方面，走的都是综合化、娱乐化的发展方向，趋同于满足大众化受众的需求。跨媒体经营必然会使媒介集团向着综合媒体的方向发展，以上六大跨国媒介集团几乎都包罗了报纸、期刊、图书、电台、电视、电影、互联网等所有媒介业务。在这些不同种类的媒介业务中，音乐、影视等视听产品发展迅猛，娱乐化成为媒体吸引受众眼球和寻求市场获利的重要渠道。用传媒大亨默多克的话来说，“我不是为进入娱乐业而进入娱乐业，而是为了进入传媒业以及传媒业的核心部分”。默多克认为，新闻业本身从商业上讲是难以生存的，他必须倚仗娱乐业的支持，他认为娱乐业和电子媒介比新闻和出版对他的帝国更为重要。

以上全球六大传媒集团的四个竞争规律可以简单归纳为垄断、

并购、跨媒体经营以及业务的娱乐化与综合化。与六大传媒集团相比，汤森路透在其发展过程中也同样不可避免地经历了前两项竞争规律，即垄断和并购。但是，与六大传媒集团的竞争相比不同的是，汤森路透在跨媒体经营方面不同于六大传媒集团那样遵循“出版+电视+电影+互联网”的模式进行，而主要是按照“互联网+出版”的模式进行；汤森路透在业务方面也不同于六大传媒集团的业务娱乐化和综合化的发展之路，走的是一条业务内容相对单一的、专业化的媒体发展之路，即专注于数字化专业信息服务业。

第二节　汤森路透的专业媒体竞争模式

尼尔·波斯曼（1931—2003年）曾向世人提出“娱乐至死”的警戒。他的《娱乐至死》是对20世纪后半叶美国文化中最重大变化的探究和哀悼：印刷术时代步入没落，而电视时代蒸蒸日上；电视改变了公众话语的内容和意义；政治、宗教、教育和任何其他公共事务领域的内容，都不可避免地被电视的表达方式重新定义。电视的一般表达方式是娱乐。一切公众话语都日渐以娱乐的方式出现，并成为一种文化精神。一切文化内容都心甘情愿地成为娱乐的附庸，而且毫无怨言，甚至无声无息，其结果是人类成了一个娱乐至死的物种。

如今，大多数国际媒介集团都是在迎合大众化娱乐需求的过程中向着娱乐化、综合化的方向发展。但是，汤森路透却在其发展过程独辟蹊径，越来越收缩战线，向着专业化的方向发展，开创出一条专业媒体发展之路。

其实，在当今这种大众化、娱乐化泛滥的传播环境中，我们亟须在狂欢的娱乐信息之外找到一种冷静的思考，避免人类“娱乐至死”的悲剧。汤姆森公司和汤森路透集团正是沿着这条僻静小径，力图将自身打造成又精又尖的大型专业媒体。虽然媒介集团的最终经营目的都是追逐利润，但是至少专业媒体为人们提供的专业信息更为理智，对某一专业或行业的发展能够起到重要的推动作用，从而对社会的进步、人类文明的提高和经济的发展起到推动作用。

汤森路透的专业化媒体竞争模式主要具有以下三个特点：

一　以专业和行业信息为业务核心

汤森路透拥有庞大而丰富的专业信息产品及服务，是全球金融、法律、税务与会计、科技、医疗保健与媒介市场商业信息和专业信息服务的主要供应商之一，是全球最大的金融资讯产品及服务的供应商。从汤森路透的业务部门设置可以看出，汤森路透的业务核心就是专业和行业信息。汤森路透集团主要分成两大业务部门，即市场部和事业部。市场部下设销售与交易、企业业务、投资与咨询、媒介等部门。销售与交易部门提供外汇交易、固定收入、股票等交易类信息产品以及商品和能源市场的相关信息；企业业务部门提供支持资本市场商业自动化的相关信息和软件；投资与咨询部门为投资经理、理财经理、投资银行、研究分析师以及企业高管提供相关信息、决策支持工具和整合服务；媒介部门向报纸、电视台、有线电视网、广播电台及各种网站提供全球新闻信息和服务。事业部下设法律、税务与会计、科技及医疗保健部门。法律部门向法律、知识产权、合规等领域的专业人士及商业和政府部门的专业人士提供相关的重要信息以及决策支持工具和服务；税务与会计部门为北美地区的税务与会计专业人士提供相关的重要信息、决策支持工具和服务以及相关软件应用；科技部门为学术界、科技界、企业界和政府的研究人员、科技人员和信息专业人士提供相关的重要信息以及决策支持工具和服务；医疗保健部门为医疗保健市场的医生及其他专业人士提供相关的重要信息以及决策支持工具和服务。

这些专业人士和专业机构对专业和行业信息产品的需求具有相对的稳定性，因为这些信息对其工作流程、项目开展、研究开发等的顺利进行具有举足轻重的作用，甚至成为其正常开展工作必不可少的工具和手段。而且，这些专业人士和专业机构相对于普通受众来说，都是具有较高支付能力的高端客户群体，有能力支付其所需的信息产品及服务。因此，以专业和行业信息为核心是汤森路透竞争模式的一个优势特征。

二　顺应知识需求稳定增长的趋势

当今世界已经步入知识经济时代，知识已经成为重要的生产要素。1998年年初，世界经合组织（OECD）在回顾80年代以来知识和技术在经济增长中所起的作用的基础上，发出了一份题为《以知识为基础的经济》的报告，首次使用“以知识为基础的经济”（简称“知识经济”）。报告指出，“以知识为基础的经济”体现了人力资本和技术中的知识是经济发展的核心。知识经济是建立在知识的生产、分配和使用基础上的经济。按照世界经济合作与发展组织（OECD）的定义：“知识经济即以知识为基础的经济，是以现代科学技术为核心的，建立在知识信息的生产、存储、使用和消费之上的经济。”①

与依靠物资和资本等这样一些生产要素投入的经济增长不同的是，现代经济的增长则越来越依赖于其中的知识含量的增长。知识在现代社会价值的创造中其功效已远远高于人、财、物这些传统的生产要素，成为所有创造价值要素中最基本的要素。正是因为知识在现代社会价值创造中起着越来越重要的作用，人们对知识的追求和需要必定呈现稳定上升的趋势。汤森路透巧妙地把握和适应了这种人们对知识需求稳定增长的趋势，顺应历史发展潮流打造专业媒体之路，这是汤森路透竞争模式的一个重要特点。

---

① 何仁明：《“浅析知识经济时代”》，http：//www. chinaacc. com/new/287/296/2006/4/sh724655872460021170-0. htm，2006年4月27日。

三　顺应信息数据化的发展趋势

随着全球信息量的爆炸式增长，未来的信息发展呈现出数据化的发展趋势。未来将是一个“大数据”引领的智慧科技的时代。随着社交网络的逐渐成熟，移动宽带迅速提升，云计算、物联网应用更加丰富。更多的传感设备、移动终端接入到网络，由此产生的数据及增长速度将比历史上的任何时期都要多、都要快。试想一下：当40亿部手机、10亿部电脑，随时随地都在向分布在全球各地的服务器发送数据；当你开着车对着“语音助手”说：“我要在附近找一家最罗曼蒂克的餐厅”之后，短短一两秒就能得到您满意的答案时。其背后向您提供服务所涉及的定位、资料检索、存取、数据交换等一系列动作是何等的复杂。而这一系列动作正是由“大数据”所支撑，正如IBM公司所总结的那样，“大量化（Volume）、多样化（Variety）和快速化（Velocity）”就是“大数据”的显著特征。

“大数据”时代，大量的数据都存储在分布广泛、不同地域、各种类型的服务器中。当用户发出一个搜索或查询请求时，最多的运算是服务器之间的信息交换，最后将结果返回给用户。传统的网络结构设计是以客户端向服务器发出请求，由服务器应答返回结果给客户的垂直结构。而在大数据时代，这种垂直结构的服务请求将变得越来越少，取而代之的是水平结构的横向请求服务。越来越多的企业已经意识到，如果不能及时获得所需的信息，就无法预测出潜在的市场机遇或业务风险，从而导致商业机会的流失或使企业遭受损失。因此，及时获得信息数据对企业的发展至关重要。

汤森路透拥有庞大的专业信息数据库以及相应的软件、工具和服务。汤森路透占有数据，就等于占据了竞争的制高点。数据规模越大，处理的难度也越大，但对其进行挖掘可能得到的价值也越大。比如，汤森路透每年都会利用其研究解决方案Web of Knowledge中的数据，根据诺贝尔奖的生理或医学、物理、化学与经济分类，使用定量数据来分析和预测最有影响力的研究人员。根据其发表的研究成果的总被引频次，这些高影响力研究人员被授予汤森路透引文桂冠得主（Citation Laureates）称号，预示着他们可能成为当年或不久将来的诺贝尔奖得主。汤森路透引文桂冠奖是通过成熟完善的方法评估引用次数及高影响力的论文，并考量诺贝尔委员会可能认为值得认可的发现或主题。目前，汤森路透是唯一采用定量数据预测年度诺贝尔奖得主的机构，自 2002 年起，共有 21 位引文桂冠奖得主赢得诺贝尔奖。

一般的企业或个人无法对规模巨大的信息数据进行有效处理，难以从信息中获取最大化的价值。而汤森路透重视数据收集与数据分析，并从中挖掘出深度信息，创造出新的信息价值。汤森路透将分析、整合后的数据信息以电子化方式发送给客户，这种环保、节能、快捷、大容量的信息传递方式，顺应了未来信息数据化的发展趋势。为了便利用户获取和利用专业知识和信息数据，汤森路透还不断开发和改进自己的数据终端设备，数据信息的网络化传播速度与质量。这是汤森路透专业媒体竞争模式的又一个独特优势。可以说，数据决定了汤森路透的竞争力。“传统行业最终都会转变为大数据行业，无论是金融服务业、医药行业还是制造业。”① 如今，谁掌握了数据，谁就有可能将这些数据转化为价值，就可以在全球竞争中占据优势。

总之，汤森路透走的是一条专业媒体之路。这一专业化媒体竞争模式符合未来的知识传播和信息发展趋势，符合大数据时代用户对信息需求的个性化和综合化要求以及知识索取的经济性与价值性要求，是符合历史前进潮流的。汤森路透占有全球金融数据市场三分之一的份额，是全球最大的金融产品及服务的供应商。在具体竞争策略上，作为市场领袖的汤森路透采用的是市场领导者竞争策略，

---

① ［英］维克托·迈尔-舍恩伯格、肯尼思·库克耶：《大数据时代》，盛杨燕、周涛译，浙江人民出版社 2013 年版，第 188 页。

即扩大市场需求、维持市场份额或提高市场占有率等。为扩大市场需求，汤森路透采取发现新用户、开辟新用途、增加使用量、提高使用频率等策略；为保护市场份额或提高市场占有率，汤森路透采取创新发展、筑垒防御等策略。通过采取独特的竞争模式及相应的竞争策略，汤森路透力图保持自己在市场上的领先地位和既得利益。

第三节　汤森路透的创新经营研究

为了顺应大数据时代信息数字化、传播网络化的媒介环境特点和发展趋势，汤森路透能够敏锐地把握市场发展机会，积极进行创新经营，努力开拓细分市场。创新经营是企业能否在激烈的市场竞争中站稳脚步的关键，企业创新能力的强弱直接影响企业的生死存亡。本章所探讨的汤森路透的创新经营主要从三个方面来阐释，即专业知识数据化、电子信息服务精细化和客户群体高端化。此外，汤森路透在其发展过程中，仍然不断保持着内容创新、技术创新和管理创新。可以说，不断创新是汤森路透保持竞争优势的重要条件。

一　专业知识信息数据化

汤森路透创新经营的第一个重要表现就是将专业知识数据化。汤森路透拥有庞大的专业知识数据库以及配套的软件应用工具，可以便捷、快速地将这些知识信息发送给客户，客户利用这些数据化信息转化为其所追求的经济价值和社会价值。

在如今的信息时代，人们被信息洪流所包围，而这些信息绝大部分都是以数字数据的形式存在。据有关数据表明，到 2013 年，世界上存储的数据预计能达到 1.2 泽字节，其中非数字数据只占不到 2%[①]，而其他 98% 的都是数字数据。这些庞大的数字数据可以被计

① ［英］维克托·迈尔 – 舍恩伯格、肯尼思·库克耶：《大数据时代》，盛杨燕、周涛译，浙江人民出版社 2013 年版，第 13 页。

算机读取，使得存储和处理这些数据变得既便宜又容易，可以大大提高数据管理和分析的效率，从而挖掘这些数据的潜在价值，因为信息只有被数据化后，其巨大的潜在价值才会释放出来。

数字信息资源以传统信息资源难以比拟的优势，逐渐成为信息资源的主体。与传统信息相比，数字信息具有以下特点：（1）数字信息的产生、传播和使用都伴随数字编码的存储、加工和传播技术，具有较强的数字技术性。数字信息的搜索、传播和利用一般都借助计算机技术和互联网技术来完成；（2）数字信息直接由计算机存储介质承载，通过计算机记录其数据信息，搜集、传播和利用时必须经过计算机运行一定的程序来完成；（3）数字化和程序化后的数字信息的传播形式极易转换和调整，具有高度的灵活性；（4）由于数字信息的高速传送、信息高速公路的实现、国际互联网络的开通，它还具有传播的高效性、使用的方便性和广泛的普及性等特点。[①]

所谓数据（data），就是对客观事物的符号表示和逻辑归纳，是信息的表现形式。数据是信息的表达，信息是数据的内涵。数据是用符号、数字、字母等方式对客观事物进行的直观描述，反映客观事物的属性。数据是进行各种统计、计算、科学研究或技术设计等的依据，是表达知识的字符的集合。数据经过编码转换为信号后可以在介质上传播，可以从一个地方向另一个地方传送。综上所述，数据就是指能够客观反映事实的信息和资料。数据可以在物理介质上记录或传输，并通过外围设备被计算机接受，经过处理而得到结果。数据能被送入计算机加以处理，包括储存、传送、排序、归并、计算、转换、检索、制表和模拟等操作，以得到人们需要的结果。数据存储在数据库中，数据库具有实现数据共享、减少数据的冗余度、保持数据的独立性、实现数据集中控制、保持数据的一致性和

① 胡昌平、邓胜利：《数字化信息服务》，武汉大学出版社 2012 年版，第 1 页。

可维护性以确保数据的安全性和可靠性。在电子化的时代，从“模拟的”转向“数字的”是一个巨大的飞跃。数字化是通过对连续时空对象进行离散化实现的。在此基础上，对串行的、均匀的、连续的数字比特流进行分割与组合，使之实现时空上的结构化和颗粒化，形成标准化的、开放的、非线性的、通用的数据对象，这个过程就是“数据化”。

从信息的发展趋势来看，未来将是一个“大数据”引领的智慧科技的时代。简言之，大数据（big data）即从各种各样的海量数据中，快速获信息的能力。最早提出“大数据”时代到来的是全球知名咨询公司麦肯锡，它声称：“数据，已经渗透到当今每一个行业和业务职能领域，成为重要的生产因素。”[①] 越来越多的企业已经意识到，如果不能及时获得所需的信息，就无法预测出潜在的市场机遇或业务风险，从而导致商业机会的流失或使企业遭受损失。因此，及时获得信息数据对企业的发展至关重要。

数字化和数据化的主要区别在于：数字文本不能通过搜索词被查找到，也不能被分拆。比如，谷歌将有版权条例允许的书本内容进行数字化，让人们可以通过网络免费阅读这些书籍。不过，读者必须在浩瀚的内容中寻找自己需要的内容，他们只有通过阅读才能将这些图像内容转化为有用的信息。如果将这些数字化图像转化为数据化文本，不仅可以方便人们使用这些文本信息，而且计算机也可以对这些文本信息进行处理和分析，比如通过检索和查询，对之进行文本分析，等等。

数据化是将均匀、连续的数字比特结构化和颗粒化，形成标准化的、开放的、非线性的、通用的数据对象，并基于不同形态与类别的数据对象，实现相关应用，开展相关活动。它是指可以对应于各种信息对象的、数字比特的结构化集合。数据化是对数字化的拓

---

① 耿秋：《大数据时代——机遇？挑战？》，《中国大时代》2012 年第 6 期。

展与推进。数据化关注的焦点更多地集中在数字比特更复杂、更高级的存在形态上。数据化基于由数字比特组合形成的客体——数据。

数据化是数字化进程中的一个发展方向，数据化内生于数字化，就像活字印刷术内生于印刷术。在人类文明史中，活字印刷取代印刷术发展早期的雕版印刷，这一拓展革命性地提升了印刷的效率，导致了印刷成本的大幅度降低，推动了知识的传播与普及，加速了人类文明的进程。而数据化的文化意义和社会价值与它非常相似。数字化从本质上改变了人们的接触习惯，数字化的内容传播突破了时空限制，传播范围无限扩大，传播速度迅捷，传播信息量大且具有极强的保真性。相比小数据的精确性，大数据的完整性和混杂性可以帮助我们进一步接近事实的真相。如果我们的视野局限在我们可以分析和能够确定的数据上时，我们对整体世界的理解可能产生偏差或错误，这种对精确性的追求会让我们错过事物的全貌。

在用户需求与信息利用的关系上体现了穆斯（Mooers）定律。穆斯定律认为："一个信息检索系统，如果对用户来说，取得信息比不取得信息更伤脑筋和更麻烦的话，这个系统不会被用户所用。"[①] 这不仅适用于用户信息检索的行为规律，而且从更广的范围内表述了用户信息需求的根本规律：当用户获取某一信息比不获取该信息更麻烦的话，他将放弃对这一信息的需求。用户获取信息是为了消除对事物认识的不确定性，为了帮助自己更快地进行正确决策。如果用户获得的信息对其认识和理解是有益的和易得的，那它将产生用户信息需求；如果用户获得的信息无助于问题的解决或反而增加其不确定性，用户就会放弃对该信息的需求。汤森路透作为一家信息供应商，其所提供信息的质量以及信息服务的质量是至关重要的。

网络环境下用户对知识信息需求包括用户获取各种专业知识信

① 胡昌平：《信息服务与用户研究》，武汉大学出版社 2008 年版，第 230—235 页。

息的检索需求和获取原始信息的直接要求。从需求客体对象上看，它既包括各种形式的文献、图像、数据、事实信息等数字化资源，也包括对存储、揭示与检索这些信息的网络工具和系统工具的需求。汤森路透经营的就是数据化的专业知识，不仅为各种不同职业的专业人士和专业机构提供他们所需要的数据化的商业或行业信息，而且提供各种软件工具及服务，使这些专业人士和专业机构能够高效地利用这些专业知识为其工作或职业发展服务。

随着社会产业和职业的知识化发展、社会运行节奏的加快以及社会竞争的加强，对专业知识信息传递的要求必定也越来越高。信息与知识构成社会运行过程中组织业务活动的工具，成为促进经济发展的有效技术方法和手段，尤其是各种专业知识的掌握和利用，对相关职业的发展甚至整个经济的发展都起着关键的推动作用。在社会信息需求日益复杂化和高级化的同时，信息服务行业也必然向着专业化和高效化发展。

作为一家信息供应商，汤森路透提供信息的质量及信息服务质量是至关重要的。如果这种信息是便于用户获取和使用的、对用户有益的、是用户职业发展所需的，那么这些信息对用户来说就具有较强的吸引力，会产生较高的用户需求。因此，汤森路透也一直以用户个性需求为出发点，为用户提供超大容量的、便于利用的数据化专业知识信息，并为用户提供相应的定制化服务。汤森路透大部分的信息都是以电子化、数据化的形式提供给客户。这些数据化信息主要通过汤森路透的桌面产品、数据传送专线、移动应用等途径向客户传输专业信息和分析数据等资料。以汤森路透的法律产品 Westlaw 为例，Westlaw 是全球使用量最大的法律检索在线数据库，拥有 27000 多个数据库，1000 多种法学专业期刊数据，300 多种法律通讯和法律新闻以及法律界最权威的法律词典。这些数据库会不断进行更新，有些数据库每 30 分钟更新一次。Westlaw 法律数据库收录了美国联邦和州（1685 年至今）、英国（1865 年至今）、加拿大（1825年至今）、欧盟（1952年至今）、澳大利亚（1903年至今）和香港（1905年至今）的所有判例，以及英国成文法（1267年至今）、美国联邦和州法（1789年至今）、欧盟法规（1952年至今）、香港地区（1997年至今）和加拿大的法律法规等。汤森路透的Westlaw和WestlawNext每天浏览量超过50万，FindLaw. com网页每月有五百多万用户浏览。另外，汤森路透的金融交易产品Thomson Reuters Eikon和Thomson Reuters Elektron等主要为金融界从事交易活动的客户（比如从事如外汇交易、固定收益产品及其衍生产品、股票以及其他商业交易活动的买方及卖方客户）提供信息、分析数据、实时数据及技术等服务。汤森路透的金融交易业务部门每秒钟为金融市场发送150条价格行情数据，提供来自全球250多家证券交易所、几百个场外交易市场（OTC）的实时数据和历史数据①。

总之，数据，就是竞争力。数据化信息资源已经成为推动社会进步和经济增长的战略性资源。汤森路透将庞大的专业知识进行数据化，这样既可以快速、高效地满足客户的信息需求，又更易于知识的更新，使客户可以更及时地掌握最新的专业知识，从而根据这些知识信息在新环境和新情况下快速做出最佳决策。

二　电子信息服务精细化

汤森路透创新经营的第二个重要表现就是电子信息服务的精细化。汤森路透的数据化信息服务都是按照不同的“窄众”目标对象进行分类，各部门不同的业务和信息产品都是针对不同的细分受众提供精细化的专业信息服务。

随着电子媒介的发展和媒介技术的不断创新，个性化的电子信息服务将成为未来信息提供模式的发展趋势。这从传统印刷业所面

---

① 资料来源于汤森路透2012年年度报告，http：//thomsonreuters. com/。文中其他有关汤森路透的信息数据，如无标注，均来自汤森路透的英文网站。

临的严峻挑战可见一斑，比如，具有244年历史的《大英百科全书》于2012年3月14日宣布停止发行印刷版，今后只推出网络数字版。《大英百科全书》总裁考茨称，现有逾一亿用户订阅电子版，今后会推出更多的免费内容，吸引更多渴求知识的用户。他还表示，网上电子版的最大卖点是能够持续更新，用户也能使用留言给编辑，具有多种社交功能，这令百科全书的服务更加完善。由于印刷版销售下跌一直亏损，主要靠教育市场增长来扭亏为盈，现在85%的收入来自出售电子教科书和教育课程。[①] 在网络环境下，人们的信息选择行为体现出更高的主动性和主体性。电子信息使人们有更大的选择空间、更自由的选择时间、更便捷的选择手段、更经济的选择途径。因此，人们更倾向于通过简便快捷的网络获取"个性化"的数字化信息资源。

在社会环境中，不同的个人或机构为了及时了解社会的变化和适应社会的发展，必定会有一定的信息需求。这些需求表现为"生活中的信息需求、工作中的信息需求和社会化过程中的信息需求，其中以工作中的信息需求为核心"[②]。这些对职业发展至关重要的信息和知识是从事该职业必不可少的条件。在信息化时代，只有拥有一定的网络系统，各行各业的用户都可以从各个层面多个角度来灵活地分析、组织和利用信息内容，甚至用户的工作对象、工作过程、工作环境、工作手段都被数字化了。人们在电脑上进行工作，各种研究与信息活动在数字化的基础上进行融合。网络环境下用户对知识信息需求包括用户获取各种专业知识信息的检索需求和获取原始信息的直接要求。从需求客体对象上看，它既包括各种形式的文献、图像、数据、事实信息等数字化资源，也包括对存储、揭示与检索这些信息的网络工具和系统工具的需求。汤森路透经营的就

---

① "《大英百科》停印刷版，转提供网上电子版"，http：//paper. wenweipo. com/2012/03/15/GJ1203150018. htm，2012年3月15日。

② 胡昌平、邓胜利：《数字化信息服务》，武汉大学出版社2012年版，第1页。

是数据化的专业信息内容，使其客户不仅可以获得信息，还可以方便地对这些信息进行处理和分析，挖掘信息的潜在价值，为其职业发展服务。

在网络环境下，人们的信息选择行为体现出更高的主动性和主体性。人们对信息的选择受到个人需求、个性特征、实用性原则、价值匹配原则、经济性原则等因素的影响。人们在进行信息选择时，倾向于选择易获取的、有价值的信息内容。电子信息使人们有更大的选择空间、更自由的选择时间、更便捷的选择手段、更经济的选择途径。因此，人们获取信息将越来越依赖网络，越来越依赖电子信息资源。另外，随着互联网的广泛应用和数字化信息资源的快速增长，用户存取和利用数字化信息的需求与日俱增。

汤森路透电子信息服务业务的精细化从其"部门—业务—产品—客户"的四级细分中可见一斑。汤森路透集团设有金融与风险部、法律部、税务与会计部、知识产权与科技部以及媒体部，各部门下面按照不同的客户群体类型再次细分为不同的业务单位，不同的业务单位有不同的内容产品，不同的内容产品为不同的客户群体服务。比如，金融与风险业务细分为金融交易业务、投资者业务、市场业务以及风险与合规管理业务；法律业务细分为小型律师事务所业务、大型律师事务所业务、法律顾问业务和政府业务；税务与会计业务细分为知识解决方案、企业业务、间接地产与信托业务、专业业务以及政府业务；知识产权与科学技术业务细分为知识产权解决方案、科学与学术研究以及生命科学业务；媒体业务细分为新闻业务和消费者出版业务。汤森路透每个部门都是根据不同的客户群体类型将业务和产品细分，为不同的细分客户群体提供不同的信息内容产品、数据分析、软件应用及解决方案等服务。以汤森路透的金融与风险部为例，从以下的表3中可以清晰地看出这种"部门设置—业务类型—内容产品—客户群体"的四级细分制：

表3　汤森路透金融与风险部的业务、产品及客户群体一览

部门	业务类型	产品名称	产品描述	客户群体
金融与风险部	交易业务	Thomson Reuters Eikon，Reuters 3000 Xtra	均为旗舰型桌面产品，提供交易前决策工具、新闻、实时价格行情、交易连接和协作工具	交易专业人员、销售人员、经纪人、财经分析师
金融与风险部	交易业务	Thomson Reuters Elektron	高速且富有弹性的金融市场网络系统，可管理的服务环境	市场数据人员、IT专业人士
金融与风险部	交易业务	Thomson Reuters Real Time	与程序化交易和自动交易相关的实时数据传送专线，市场与信用风险，工具定价以及资产组合管理与评估	市场数据人员、IT专业人士
金融与风险部	交易业务	Thomson Reuters Enterprise Platform	整合与发布实时和历史金融数据信息的软件平台	市场数据人员、IT专业人士
金融与风险部	投资者业务	Thomson ONE，Thomson Reuters Eikon	专为特定客户的工作流程而设计的、只在工作区内使用的一整套服务系统，包括信息、分析数据和工具	资产管理经理、财经分析师、对冲基金经理；投资银行家、策略研究专业人士、咨询顾问、律师；理财经理；投资者关系代表、财务主管、金融主管、私人股本交易专业人士
金融与风险部	投资者业务	Thomson Reuters Datastream Professional	利用跨资产分析法和整合应用包中的基本数据进行复杂的经济分析	资产管理经理、研究分析师、经济师、对冲基金经理、策略师
金融与风险部	投资者业务	Thomson Reuters Deals Business Intelligence	为企业业务规划（包括业绩、市场份额、目标设定等）而设计的分析与汇报工具	投资银行的业务管理与策略团队
金融与风险部	投资者业务	Thomson Reuters Deal Analytics	同业分析与公司评估工具	高级投资银行家
金融与风险部	投资者业务	Lipper	对冲基金信息、同业对标数据、业绩信息与分析	资产管理专业人士，包括基金营销人员、销售人员、产品开发人员、业绩测评人员、金融中介机构及个人投资者
金融与风险部	投资者业务	Thomson Reuters DataScope	传输汤森路透所有的价格和跨资产参考数据的数据传送平台	市场数据人员、金融机构的IT专业人士

续表

部门	业务类型	产品名称	产品描述	客户群体
金融与风险部	市场业务	Thomson Reuters Dealing	主要与外汇交易和货币市场相关的、点对点对话式的交易产品	外汇交易和货币市场参与者
		Thomson Reuters Matching	电子外汇交易匹配系统	外汇交易员、销售公司、对冲基金公司
		Tradeweb	从事固定收益产品、衍生产品及货币市场产品交易的全球电子市场(multi-dealer-to-customer),把主要投资银行同机构客户联结起来	机构固定收益交易员
	风险与合规管理业务	Thomson Reuters Accelus	以信息资讯为基础的风险与合规管理产品及服务	企业合规人员、审计人员、法律与风险管理专业人士

汤森路透精细化的电子信息服务这一创新经营模式是符合媒介市场发展规律的。新技术的发展与受众的分化对媒体的传统经营方式形成强大冲击。面对受众不断细分的媒介市场，媒体的市场空间日益受到挤压，只有对媒介资源进行精耕细作才有可能继续成长。在这种情况下，媒体也必须以分众为目标，否则大部分的传播内容可能没有机会进入目标受众的视野。汤森路透在把握信息数据化这一发展趋势的基础上，将其电子信息服务业务进行精细化经营。早在汤姆森公司时代，肯尼斯·汤姆森就已看到信息传播的电子化发展趋势和人们对数字化信息需求的增长，于是力图打造一个电子信息王国。汤姆森公司在其发展过程中，将公司业务逐渐转型集中在数据库开发和建设、电子化信息服务以及各种配套软件工具研发与应用等方面。如今，在数字化信息时代，人们对信息有着更大的主动选择权，这就使得人们对信息的需求——尤其是对专业信息的需求——更加精确化。在这种情况下，信息供应商必须根据受众特定的需求，将受众进行细分，为不同的受众提供不同的专业信息，这样才能更好地满足各种不同类型受众的信息

需求。

作为专业信息供应商的汤森路透要在激烈的市场竞争中获得竞争优势，就是要力图比竞争对手获得更全面的信息，并迅速深入地对信息进行分析和处理，使其成为对用户有价值的东西，以满足决策对象的特定需求。简言之，就是挖掘出最恰当的知识，在最恰当的时候传递给最需要的人，以使信息需求者做出最好的决策。

与大众化的新闻或娱乐信息相比，虽然专业信息没有那么广大的受众基础，但是绝大部分“窄众化”、细分化的专业信息用户对专业信息有着较高的忠诚度，有着更为稳定、更为持久的专业信息需求，这使得汤森路透更不易受到传媒市场波动带来的影响。精细化意味着信息的专业性和精确性，意味着要挖掘信息的深度。可以说，在信息庞杂的时代，信息深度就是一种难得的财富。

三　用户群体高端化

汤森路透创新经营的第三个重要表现就是客户群体的高端化。从表 4 中可以看出，汤森路透的产品所服务的客户群体类型是趋于高端化的专业人士和机构，比如投资经理、理财经理、投资银行、研究分析师、企业高管、律师及律师事务所、会计师及会计师事务所、税务与会计专业人士、商界和政府部门等行业的决策人士、新闻媒体、新闻媒体从业人员以及学术界、科技界、企业界和政府部门的研究人员等。这些客户群体在一定社会条件下具有相对较高的知识结构和素质，在从事某一社会活动中有着相对固定的信息需求结构。这些职业人士为了在海量的信息资源中迅速获得有利用价值的信息，亟须信息服务机构提供的信息资源整合与集成服务，使他们能够在短时间内获得正确的决策信息。

表 4　　汤森路透各业务部门的客户群体

业务部门	客户群体
金融与风险	资产管理经理、财经分析师、对冲基金经理、投资银行家、策略研究专业人士、咨询顾问、律师、理财经理、投资者关系代表、财务主管、金融主管、交易专业人士、市场数据人员、金融机构的 IT 专业人士、经纪人、研究分析师、经济师、对冲基金经理、策略师、投资银行的业务管理与策略团队、企业合规人员、审计人员、法律与风险管理专业人士
法律	律师、企业顾问和律师事务所专业人员、企业法律专业人士、政府机构、商标专业人士、法律系学生、法律图书馆、法律执行与调查专业人士及其他法律界专业人群
税务与会计	会计事务所，（跨国）企业税务、金融和会计部门，律师事务所，各级负责地产注册和税收的政府部门
知识产权与科学技术	商标律师、市场营销管理人员、企业和律师事务所的竞争情报分析人员、IP 资产管理经理、IP 专家、IP 顾问、备审案宗管理人员、专利律师、研发经理人员、许可证主管人员、业务策略师、知识产权分析师、政府机构中的科学家和学者、大专院校、学术与研究机构、研究人员、学术作者、学生、图书管理员、政府部门、非盈利型组织、资助机构、出版商、生命科学、制药及生物科技公司、制药和生物科技公司的科学研发专业人士
媒体	新闻媒体、出版业等

物质、能源和信息是社会发展三个基本要素，随着社会经济的发展，信息已成为合理开发物质资源、能源资源和推动经济发展、科技进步的关键因素。社会进步导致了用户职业工作与信息利用的整体化发展，信息需求贯穿于职业活动的始终。情报学家科亨把用户的信息需求状态划分为三个层次结构：第一个层次是需求的“客观状态”，即客观存在着的信息需求状态，不以用户主观认识为转移，而是由用户的工作、环境、知识、能力等客观条件决定；第二个层次是需求的“认识和唤起状态”，包括用户自己认识到的信息需求和被外界激发而唤起的信息需求，不包括未被认识和发现的信息需求；第三个层次是需求的“表达”状态，即通过用户互动与交流，用户认识的信息需求得以表达的状态。[①] 从以上用户信息需求状态的

① 胡昌平、邓胜利：《数字化信息服务》，武汉大学出版社 2012 年版，第 52—53 页。

三个层次结构的划分可以看出，信息需求的提出是以一定的知识积累为前提的，用户的信息接受能力也受到其知识水平的限制。信息用户本身的知识结构及信息素养都是隐性信息需求能否得到正确表达的重要原因。

汤森路透的客户群体多为处于知识结构较高地位的专业人士和机构，他们对所从事领域的发展动态等情况有比较充分的了解，能够更为准确地表达信息需求，将更多的隐性需求转化为显性需求，继而转化为具体的信息搜索行为和信息利用行为。对他们而言，信息是能够带来重要财富的战略资源。这些高端化的客户群体由于工作、环境、知识、能力等客观条件的关系，有着更强烈、更稳定的信息需求，并能更好地将这些知识转化为有价值的财富。反过来，正因为这些知识能够为客户带来有价值的财富，加强了客户对知识信息需求的稳定性和持久性。另外，这些高端客户群体均处于具有较高收入和较高利润的行业，具有较高的社会地位，有着较好的支付能力，愿意并且能够为有价值的信息付费。

简言之，有着稳定需求和较好支付能力的高端客户群体使得汤森路透这一全球大型信息供应商有着相对稳定的利润空间和稳定的业务经营。

本章小结

本章基于创新成长机制阐述了汤森路透的竞争模式，即以专业和行业信息为核心业务、顺应知识需求稳定增长的趋势、顺应信息数据化的发展趋势。在跨国媒介集团日益朝着综合化和娱乐化方向发展的全球传媒环境下，汤森路透走的却是一条不同的、专业化的媒体发展之路。汤森路透的专业媒体经营创新包括专业知识信息数据化、电子信息服务精细化、用户群体高端化。汤森路透看到了信息爆炸时代“海量信息”与“信息难求”的矛盾，通过提供权威的、集成的、专业的行业资讯来解决这一矛盾，为政府部门或企业决策者的决策行为提供有价值的信息，这正是汤森路透专业化信息媒体发展的成功之道。

第七章　大数据时代媒介集团的发展战略研究

第一节　企业战略概述

企业战略要解决的是企业的生存与发展问题。“战略”一词起初是应用于军事领域，从字面上来理解，“战”即竞争；“略”是方法、谋略。美国著名战略学家安索夫在其著作《企业战略》一书中首先将“战略”一词运用到经济管理活动。当今管理学范畴内的战略思想起源于阿尔弗雷德·D. 钱德勒在1962年撰写的《战略与结构》一书。他在此书中将“战略”定义为“一个企业的长远战略方针方向和目标的抉择，所采取的一系列措施，以及为了实现这些目标对资源进行的分配”。关于企业战略，国内学者（李杰，2009）将其定义为：“企业根据其外部环境及企业内部资源状况，为求得企业生存和长期稳定的发展，为不断地获得新的竞争优势，对企业发展目标、达成目标的途径和手段的总体谋划。”①

总之，企业战略是管理人员使用的一种策略，用来保持市场地位，吸引并取悦顾客，成功地竞争、管理经营，并实现组织的目标。企业战略的核心就是采取一系列步骤来加强公司的长期竞争地位和财务绩效。构筑竞争优势最常用的四种战略方法是：（1）争取成为行业中的低成本提供者，由此获得相对于竞争对手的成本领先竞争优势。（2）基于差异化特色战胜竞争对手，例如高质量、广泛的产

① 李杰：《企业发展战略》，清华大学出版社2009年版，第10页。

品选择、可靠的性能、优质的服务、诱人的款式、技术领先或者高性价比。(3) 集中于一个狭窄的细分市场，并通过比竞争对手更好地满足该市场中购买者的特殊需求和偏好来获得竞争优势。(4) 发展专门技术和资源力量，它们给公司带来竞争能力是竞争对手靠自身能力无法轻易模仿或超越的。

战略管理则是对企业战略的管理，是企业为了实现其战略目标，在谋划和决策的实施过程中进行控制的一个动态管理过程。一般来说，企业战略管理主要包括战略分析、战略选择和战略实施。战略分析是战略选择的前提和基础；战略选择是战略管理的核心；战略实施是实现战略目标的关键。战略分析主要是分析企业的外部环境和内部条件。企业可以根据自身的具体情况选择公司层战略、业务层战略和职能层战略。一般可以采用 SWOT 分析法或增长率—占有率矩阵（BCG 矩阵）来对企业进行分析研究，在研究结果的基础上进行战略选择。战略实施是在已确定的企业战略计划基础上采取具体行动实施战略计划的行为。在实施过程中，可能会遇到既定战略与不断变化着的环境之间的矛盾，因此，要不断地进行战略控制和评价，以及时发现偏差并加以纠正，或修正原定的战略，保证企业的战略实施达到原定的战略目标。换句话说，制定和执行战略是高层管理者优先考虑的两大任务，战略制定和执行过程一般有五个阶段，即提出战略愿景、设立目标、制定战略、执行战略、评估绩效并进行调整。制定和执行战略是公司核心的管理职能，“好的战略 + 好的战略执行 = 好的管理”①。

第二节　企业信息资源的战略性

企业资源理论认为企业是资源的集合体，企业由于资源禀赋的

---

① ［美］小阿瑟·A. 汤普森、约翰·E. 甘布尔、A. J. 斯特里克兰三世：《战略管理：获取竞争优势》，蓝海林、李卫宁、黄嫚丽译，机械工业出版社 2007 年版，第 8—22 页。

差异而呈现出异质性。企业的竞争优势来源于企业拥有和控制的有价值的、稀缺的、难以模仿和不可替代的异质性资源。企业资源异质性的长期存在使得企业的竞争优势呈现出可持续性。Barney、Amit和Schoemaker等学者将企业的这种异质资源称为战略资源。[①] 根据企业资源理论，能够带来持续竞争优势的战略资源必须具有四个属性：价值性、稀缺性、难以模仿性和难以替代性，而企业信息资源也具有这些属性。

一　企业信息资源的价值性

企业信息资源具有多方面满足企业需求的客观性，当信息资源这些客观价值属性与企业的不同需求发生联系时，就产生了不同的价值含义。因此，当企业的信息资源用于信息需求者的活动时，信息资源的价值就充分体现出来。另外，信息主体对信息资源加工后可以产生新的信息资源，使企业信息资源的价值不断最大化。企业信息资源的价值体现在两个方面，一是它可以作为生产要素参加再生产，二是它还可以强化原有的生产要素以增加产品的附加值。

无论是来自企业内部的信息，还是来自企业外部的信息，都是企业进行日常经营活动所必需的，因此，对于企业来说，通过加速信息的流动可以给企业带来巨大的促进作用和经济价值。而信息技术的发展和企业信息人员素质的不断提高，为企业信息资源的价值转换提供了有利的条件。

二　企业信息资源的稀缺性

稀缺性是经济资源最基本的经济学特征。对于特定的个人或集体来说，由于所处的信息环境的局限性以及信息获取手段的限制，他所需要的信息与他所能获得的信息之间总是存在差距。因此，相对于人

① 沈波、徐升华：《企业信息资源的战略特性分析》，《中国信息系统研究：新兴技术背景下的机遇与挑战》（上），武汉大学出版社2009年版，第4页。

的需求来说，信息总是稀缺的。这也正是无论信息技术如何进步，信息的不对称性与信息的不完全性总会存在的原因。因此，企业信息资源同样存在稀缺性，经济活动者要获取信息就必须付出相应的代价。

三　企业信息资源的难以模仿性

企业信息资源的难以模仿性表现在信息内容、信息技术和信息人员三个方面。企业的信息内容包括内部信息和外部信息两个方面。企业的内部信息是在企业内部经过长期的积累而逐步形成的，这一过程不仅受到特定历史条件的影响（这些特定历史环境是难以复制的），而且这些信息形成的因果模糊性也有着复制的过程。企业外部信息和企业自身需求有着密切关系，不同的企业所需要的外部信息是不一样的，因此简单模仿其他企业的信息收集机制或处理方法对于企业本身来说没有多大的使用价值。

信息技术是研究信息的获取、传输、处理、存储、显示和广泛利用的新兴科技领域，简单来说，可以分为硬件和软件两个方面。硬件主要指企业的信息技术基础设施，软件主要指企业的信息系统。企业信息系统的建立，尤其是企业信息技术基础设施的建立是一项复杂、长期的工作，这些信息技术设施的独特性使不同的企业在开发和实施信息技术应用时就有不同的成本和效率。

信息人员是可流动的，看似容易被模仿的资源。但是，企业信息人员只有与企业环境融合起来才能真正创造价值。从这一点来看，信息人员具有部分企业专用的成分。从其他企业流入的信息人员要花费一定的调整成本才能在企业发挥价值。而人员的调整过程具有因果模糊性和路径依赖性：首先，难以把握信息人员创造价值的确切机制；其次，信息人员的价值积累过程是有路径依赖的，不能从市场上购买。因此，信息人员也是难以模仿的。[①]

---

① 沈波、徐升华：《企业信息资源的战略特性分析》，《中国信息系统研究：新兴技术背景下的机遇与挑战》（上），武汉大学出版社 2009 年版，第 5—6 页。

四　企业信息资源的难以替代性

由于企业信息资源含有大量的硬性成分，且大部分企业的信息资源只能在企业内部生成，这个过程的特殊性和特定环境的作用造成企业信息资源的异质性难以模仿和替代。而企业信息资源所包含的信息内容、信息技术和信息人员的知识和技能等对企业竞争优势所具有的重要作用也导致企业信息资源的稀缺性和价值性。

第三节　信息资源对企业战略决策的影响作用

由于企业信息资源具有价值性、稀缺性、难以模仿性和难以替代性的特点，信息资源也是一种战略资源，对企业战略决策有着重要的影响作用：一方面，信息资源以及对信息资源的充分利用提高了企业的效率，高层决策者能够将更多的精力投入战略思考和战略管理；另一方面，信息资源和信息技术深刻地改变企业的竞争战略，信息资源既是战略管理的基础，又是战略管理的重要一部分。更重要的是，企业信息资源带给企业一种战略视角、思维方式的改变，对企业的发展战略起着正面的积极影响。企业信息资源不仅为企业提供辅助或服务的参谋功能，而且逐步左右企业竞争战略和资源计划的作战功能，与企业的发展战略有效融合，成为主要战略因素之一，协助企业形成竞争优势。企业信息资源对企业战略决策的影响过程是：通过改善企业运作效率、降低运作成本和产品成本等途径改善决策质量、提高产品或服务质量、提高客户满意，从而提高企业的竞争力。

第四节　大数据时代媒介集团的发展战略

专家认为，由于数据分散在各行各业，大数据时代可能不会出现“数据垄断”现象，但是要让数据真正发挥作用，需要数据的开放，甚至让数据像商品和货币一样互相交换流通。除了互联网领域，我国的金融、电信、工商、交通卫生等行业已经累积大量的数据，如何唤醒这些数据，是推动大数据在行业中实现应用的关键。我国工业和信息化部软件司副司长陈英认为，“大数据所蕴含的价值如今正在逐步释放，大数据的挖掘利用对提升政府管理职能和企业的决策能力、创新发展模式都将产生深远影响。发展我国的大数据产业对于推动经济由粗放型向集约型发展，加速经济发展转型会起到至关重要的作用”①。在大数据时代，媒介集团的发展战略也必须根据媒介环境的变化进行战略调整，才能适应新时代的发展要求，以下是媒介集团在制定发展战略时不容忽视的几个方面。

一　数据挖掘+产品差异化——媒介集团的制胜法宝

大数据是多学科的集合，海量数据增加了有效使用数据的难度，这需要大数据可以处理不同种类数据的数据整合技术。随着数据量的激增，如何有效管理海量数据以及如何将这些海量数据整合成我们所需要的有效信息，是媒介集团面临的巨大挑战。数据挖掘和产品差异化也因此成为媒介集团在大数据时代的制胜法宝。

数据挖掘是“从大量数据中抽取或挖掘知识的过程”②。换句话说，数据挖掘也是“从数据中提取有用模型的过程”③。提取出的模型既可以是数据的一个汇总结果，也可以是数据中极端的特征所组成的集合。因此，数据挖掘就是从大量的、不完全的、有噪音的、模糊的、随机的数据中提取出可信、新颖、有效并能被人理解的模

---

① 《大数据时代：更要跨越数据鸿沟》，http：//news. xinhuanet. com/tech/2013-02/25/c_ 124383015. htm. 2013 年 2 月 25 日。来源《人民日报》。

② Jiawei Han，Micheline Kamber，Data Mining：Concepts and Techniques，second edition，Elservier Inc.，2006，p. 5.

③ ［美］Anand Rajaraman、Jeffrey David Ullman：《大数据：互联网大规模数据挖掘与分布式处理》，王斌译，人民邮电出版社 2012 年版，第 14 页。

式的高级处理过程。数据挖掘的过程就是把数据加工处理变成信息，最后转化为知识的过程。如何做好数据加工处理的过程是数据挖掘研究的方向，而商业价值则是数据挖掘应用发展的方向。常用的数据挖掘方法有聚类分析、回归分析、神经网络、决策树算法等。

IDC 的研究报告《从混沌中挖掘价值》① 详细描述了数据挖掘的过程。根据存储技术的不同，人们常把数据分为结构化数据和非结构化数据，结构化数据是能够用统一长度的字段来表示的数据，如数字好符合，而非结构化数据是用不同长短的字段来表示，这需要数据库的存储与分析能根据需要具有可伸缩性。结构化数据是过去数据挖掘的主要方向，但这些内容只占总体数据量的 10%，其他 90% 的数据都是非机构化的数据。非结构化数据来源于网站上个人发布的文字、社交网络中大量的聊天记录、各种被复制、转发或重新编辑的 Flash 动画、各种格式的视频和音频等。非结构化数据挖掘常用的方法有网络文本挖掘和 WEB 挖掘。

文本挖掘是对个人和机构媒体使用互联网产生的大量电子文本进行的数据挖掘。文本挖掘包括提炼中心思想、关键词搜索、归纳文章要点、串联各篇文章的主题等，也可以通过文本中语义关键词或句子搜索信息。这其中的语义网络（Semantic network）是很重要的工具，该工具通过一系列文本中概念与概念的关系网络来分析最重要的概念。文本挖掘过程实际上是将大量人类语言材料按照计算机语言能够理解的方式分解，再重新组合成具有特定意义的计算机语言后被人所理解，无法从中发现新的知识或模式。文本挖掘最初应用于飞机事故报告、警察局档案的挖掘，此外在商业情报应用等商业领域也得到了很大发展，在今后的公共安全、舆情监测方面也势必起到巨大的作用。

WEB 挖掘比文本挖掘更复杂更广泛，WEB 挖掘所搜集到的数据

① Gantz J, Reinsel D. Extracting Value from Chaos. 2011. Rep. IDC, Sponsored by Emc Corporation, June. http://idcdocserv. com/1142.

包括数字、文字、图片及其他数字形式的媒介。WEB 挖掘的一个关键行为是查看用户行为，通过研究网络用户的模式来预测用户行为、改善网站的设计等，以达到提高浏览量或销售业绩的目的。WEB 挖掘的研究主要包括三种类别，即 WEB 内容挖掘、WEB 结构挖掘和 WEB 使用模式挖掘。WEB 内容挖掘是从网上搜集有用的信息（包括网民访问信息），挖掘网页本身的内容及网页后台服务器搜集到的网民浏览网页时所留下的痕迹。在拥有庞大用户浏览数据库的基础上，了解客户的购买目标并展开聚类分析，预测客户的需求。WEB 内容挖掘的优点在于数据的真实性和大样本性提高了挖掘结果的有效性。WEB 结构挖掘是寻找网页之间或超链接之间的结构关系。明确了这些结构关系之后，数据挖掘人员可以在不同的网站之间方便地查找同类或近似的内容，或找到某些更优化的网站设计方式。WEB 使用模式挖掘也就是用户访问模式挖掘，即通过分析来自网络服务器的二手数据（元数据）得到关于网民使用网络的路径或者习惯，这些网络使用模式可以是广义的、普通的，也可以根据客户的要求集中挖掘某一类用户或某一类网站的使用模式，比如可以通过了解用户点击网页的模式来提高网页广告投放的精准度。网络服务日志（Web server log）是取得这类信息的最主要方法，这些信息经常存储在网络数据仓库中，等待进一步的数据挖掘。

从传播学的角度来说，数据挖掘就是把人们的媒介使用痕迹从茫茫信息海洋中抽取出来交给机器进行分析，发现人类行为的某些规律或不断重复的行为模型，而这些规律或模型受制于更加广泛的规律。某些看似互不相关、随意偶然的独立事件，其实是相互串联的故事集中的一个片段，在不经意时显示出次序。尤其是社交媒体搭建了人与信息交互的平台，社交媒体上产生了人与人交互的信息、人与品牌对话的信息、人与商品相关联的信息、商品销售与供应链的动态关联信息等，这些信息都可能全面描绘用户行为的全景模式，为预测未来市场发展方向、发展战略以及营销策略和方案等提供强有力的基础和依据。比如，在数据挖掘的帮助下，可以筛选出与某一特定个人一生中与皮鞋相关的历史数据，对之进行营销分析，商家通过数据分析结果可以预测该客户的行为，从而为他提供有别于他人的、精准的个性化服务，甚至可以把这些数据提供给第三方，让第三方为该客户提供一对一的选鞋咨询或建议。在传媒业，数据挖掘就意味着要通过数据分析了解受众的媒介接触时间、地点、方式以及受众的兴趣、爱好以及喜欢以哪种叙事方式接受新闻等，从而制作出有价值、有意义、符合受众需求的新闻和深度报道。也就是说，在大数据背景下，传统的数据挖掘已经不能满足分析和挖掘海量数据的需要了。大数据时代的数据挖掘方式必将更加人性化和社会化，以人为本来改进计算机和互联网技术。

产品差异化是大数据时代媒介集团竞争的另一个关键优势。媒介集团要提供消费者认为有价值的多种特性相混合的产品，这种产品要能够为消费者提供附加值，消费者才会愿意支付额外的价格来消费这种产品。在数据挖掘与分析基础上制作的符合个性化受众需求的差异化产品才更能满足受众需要，才能使产品更有市场，从而真正实现数据挖掘的价值。腾讯网总编辑陈菊红指出，在传统门户时代，与流量伴生的数据的价值长期被低估。进入大数据时代后，腾讯将从这些海量数据中挖掘、分辨出用户的行为模式、兴趣偏好等。比如，用户对资讯的偏好不仅和兴趣相关，也和所处的阅读场景、资讯的关联性等其他方面相关。通过对这些方面的日常数据的累积和挖掘，腾讯网就可以很准确地向用户推荐最适合的内容。腾讯网的下一代腾讯网，着重满足用户对信息的可视化、社交化、个性化、移动化等需求，符合互联网整体发展方向。更意味着门户网媒在长时间的同质化竞争后，开始通过产品设计寻求差异化布局。

媒介经营是媒介组织将媒介生产要素投入媒介市场，通过媒介产品的生产、交换实现其价值的过程。媒介生产要素包括基础设施、产品生产与传播技术、资金、人员等诸多方面，媒介产品的价值实现则包括三个方面：一是媒介产品能够满足受众信息、娱乐等需求的使用价值；二是广告交换价值，即媒介将受众的注意力资源与广告商相交换时产生的经济价值；三是公共舆论价值，即媒介通过对信息的集中、整合和传播对公众意见产生影响并形成舆论的社会价值。[①] 其中媒介产品的价值实现最基本、最重要的一个方面就是媒介产品的使用价值，媒介产品就是媒介内容及服务。换句话说，内容是提高媒介经营效益、实现媒介价值服务的关键。内容不仅是媒介产品的核心要素，也是决定媒介经营成败的关键资源之一。在媒介竞争市场中，从微观方面来看，内容在媒介组织经营中的地位日益重要；从宏观方面来看，内容是整个媒介经济价值创造的核心源泉。人们之所以愿意付出时间和金钱来消费媒介产品就在于媒介产品能够为人们带来有用的信息内容。受众作为媒介内容的接收者、使用者和消费者，在具体的媒介使用与产品消费过程中，具有不同的个体心理因素、文化背景、生活形态、宗教信仰、消费行为模式及外部传播环境，因此，他们对媒介内容的选择也会表现出一定的差异或趋同性。另外，随着传播技术的革新、媒介数量和种类的增加，受众的选择及需求出现碎片化趋势。同时，传播过剩时代的海量信息，使受众难以在纷繁复杂的信息海洋中快速、精确地找到真正所需的、有价值的信息。在这种背景下，谁能够及时准确地为受众提供其切实所需的信息，谁便能够获得受众的青睐。因此，在大数据时代，必须是精准、有价值、有意义的内容才是媒介集团创造经济价值的核心源泉，而数据挖掘和产品差异化是媒介集团的内容产品真正发挥其经济价值的关键要素，并对媒介集团的市场定位和发展策略都有重要的影响。

---

① 谢新洲主编：《媒介经营与管理》，北京大学出版社 2011 年版，第 8 页。

二　受众需求与媒介接触点整合——媒介集团的成长基础

随着受众生活方式的多样化、受众需求的碎片化和新媒介平台的发展，整合受众需求与媒介接触点，将是媒介集团持续发展的基础。

受众需求是媒介集团成长与发展的关键问题，需求分析是任何内容产品或项目的起点。在分析需求时，应“以客户价值为中心”，而不仅仅是“以客户为中心”。也就是说，在分析受众需求时，应该考虑客户是如何实现其价值的，而不应囿于客户简单的需求表达。

媒介接触点是可以将相关信息传递给受众或潜在受众的过程与情境，是与消费者接触的所有可能性。也就是说，根据受众生活形态、信息需求和企业营销模式，从时间、地点、情境和功能四个维度进行考察，判断在什么时间、什么地点与受众进行接触，这个接触点处在何种情境，媒介扮演了何种角色，从而发现媒介能够与受众进行持续沟通的重要接触点，在合适的时间、合适的地点，向合适的受众传递合适的信息，提高媒介的到达率和展露频次。分析媒介接触点，需要研究受众的个人数据库以及他们对生活和工作中满足需求的各种数据如何入手，发掘何种媒介在何种接触点下最能满足受众需求。只有整合受众需求与媒介接触点，才能在精确描绘目标受众生活方式和行为规律的基础上，提炼出媒介的接触点，并根据接触点的竞争激烈程度、自身优势、受众规模、所需成本等因素综合判断各个接触点的优先顺序，整合设计媒介的关键接触点，打开新的“机会窗”①。同时，媒介接触点的分析也有利于提高媒介的广告价值。

在大数据时代的新环境下，媒介的多元化和碎片化使得媒介接触点更加具象和微观。接触点创新是媒介创新的新机会与新平台，

① 赵曙光：《媒介经济学》，清华大学出版社 2007 年版，第 42—46 页。

但如何形成一个真正有价值的商业模式，仍然必须从受众角度出发，既需要有广泛的到达，又需要有精准的信息传递和情感交流。受众需求的碎片化与接触点的多样化，亟须以受众为核心进行接触点的效果评估，即从受众的角度系统测量各接触点对受众的心理和行为的作用效果，构建接触点影响力指数。接触点影响力指数包括硬性的到达/接触率（reach）、接触频次（frequency）以及软性的影响力（impact），即认知、情感、意向三个层面的作用。

三　核心能力+资源整合——媒介集团的竞争优势

大数据时代媒介集团的竞争优势是要充分利用自身的核心能力，通过合理的资源整合强化公司的竞争力。以汤森路透为例，它善于根据市场情况的变化及时、迅速地调整企业的经营重点，运用富于前瞻性的、卓越的对市场发展趋势的判断能力，使公司成功地完成了从报业向专业出版业、电子出版业以及数字化专业信息服务业的转型，最终确立了其在专业信息服务业的领头羊地位。在内容产品与技术方面，汤森路透每年都在技术上投入大量资金，比如在2011年，与技术相关的资金支出就占了公司总资金支出的90%左右。汤森路透相信，随着全球专业人士数量的增加，会产生更多的获取专业信息产品及服务的需求。因此，汤森路透不断进行技术创新与改进，通过其产品的用户端口更快速、更轻松地满足客户工作流程需求，并将公司的技术人才、技术平台和技术流程整合在一起，大大提高了公司技术资产的灵活性和互操作性。在市场营销方面，汤森路透采用付费订阅的方式将内容产品及服务直接销售给客户。网络在线销售也是汤森路透的一种独特的销售方式，这种市场营销手段不仅拓宽了汤森路透的客户群范围，而且降低了销售和市场营销成本。为了使公司的销售人员能够更好地执行销售任务，汤森路透简化业务部门结构，使销售人员与市场、客户和产品部门的联系更加紧密，让销售人员对产品与客户需求有更清楚的认识和了解，目的就是为了进一步提高市场销售能力。在品牌建设方面，汤森路透通过整合资源提升品牌影响力，通过创新内容塑造品牌个性价值，为企业的发展积聚了无形资产。这些无形资产不仅为公司带来了直接的经济利益，而且还创造了社会效益，为企业的可持续发展带来了不竭的动力。

除了塑造企业的核心能力，汤森路透还通过资源整合来扩大其在全球的势力范围、巩固其在各细分业务领域中的市场领先地位。汤森路透实行加减法并用的经营策略，一方面打造企业的核心业务，剥离非核心业务及不良资产，另一方面通过不断的兼并在全球进行大规模的扩张。另外，汤森路透集团以及之前的汤姆森公司的每次战略转型都是从并购开始的，并购后产生协同效益，使合并后的企业业绩高于单个企业业绩的简单之和，使合并后的企业在细分市场上形成了自己的经营优势和规模优势。

一般来说，并购和跨媒体经营是世界大多数一流媒介集团扩大规模、进行全球扩张的主要方式。汤森路透也通过并购不断扩大公司规模，但它不像其他媒体那样实行跨媒体经营，而是专注于专业电子资讯市场，从而塑造其独特之处。总之，汤森路透以核心能力 + 资源整合的方式成功塑造了企业的独特竞争优势，打造出自己的特色，让客户可以获得从其他媒体无法获得的信息资讯服务或者可以得到比其他媒体更有价值更有权威性的专业信息资源。从汤姆森公司到汤森路透集团的发展历程中可以看出，公司一直悉心打造企业的核心能力，并通过资源整合的方式塑造了一个在电子化专业信息资讯市场上的领头羊形象。汤森路透卓越的对市场发展趋势的判断能力、独树一帜的产品研发与技术能力、别具一格的市场营销能力、开拓进取的品牌塑造能力形成了企业的核心竞争力，并通过在全球范围的、以核心业务为主线的企业兼并和资产出售，进一步提高企业的核心竞争力，使企业在变化莫测的媒介市场上始终处于不败之地。

四 传媒企业家——媒介集团的创新舵手

一个企业能否持续发展，一种战略能否取得成功，与传媒企业家有着不可分割的密切联系。传媒企业家是媒介集团成长的重要力量，传媒企业之间的竞争实质上是传媒企业家之间的竞争。传媒企业家是媒介集团技术创新的先行者、实施者和卓越文化的领导者，他们将资源从生产力较低的领域转移到生产力较高以及产出更多的领域，他们创造性的经营思想作为一种生产要素发挥着其他要素无法替代的作用。某种战略的成功，说明企业家有全局的战略观，能够从全面的角度、用创新性的眼光来看待和考虑问题，并切实贯彻和落实战略措施。从全球经济发展历程来看，市场经济实际上是企业家经济，企业家是经济增长的主要贡献者。比如，20 世纪后期美国经济的快速发展，归功于比尔·盖茨、戴尔、韦尔奇等企业家；日本经济在 70 年代的腾飞，归功于松下幸之助、本田宗一郎、丰田家族等企业家；韩国经济的崛起，归功于三星的李秉、LG 的具仁会、现代汽车的郑梦久等企业家。在此，汤森路透的发展壮大，也离不开汤姆森家族三代企业家的成功创业，尤其与肯尼斯·汤姆森高瞻远瞩的决策和对公司整体发展的规划息息相关。

早在肯尼斯·汤姆森时代，汤姆森公司就将专业出版与互联网结合起来产生了在线出版业务，这样既节省了印刷出版所耗费的较高成本、大大减少了对环境的污染，又能够充分发挥互联网容量巨大、传播速度快的优点。汤森路透传媒企业家的创新意识从公司的几次业务大转型中可见一斑。一般来说，媒介组织为了获得更好的经营业绩，更愿意定位于受众数量较多的大众化产品市场，这使得窄众市场往往因为回报低而被忽略。然而，汤森路透的领导者和决策者们却选择了一些高端窄众市场，这些高端受众群体既有较好的支付能力，又有稳定的信息内容消费需求。当汤姆森公司放弃当时利润丰厚的报纸媒体进军专业电子资讯市场时，专业资讯相对于报纸的大众资讯来说具有内容深刻、入行门槛高、难以替代的特点。而且专业电子资讯是提供给需要它的专业人士，有着固定的客户群体，这些专业人士迫切需要得到这些专业信息，所以常常欣然接受汤姆森公司提出的内容产品购买价格。至于供货商的议价能力汤姆森公司基本可以忽略，因为汤姆森公司的供应商都被汤姆森公司收购成为汤姆森公司的一部分。正是由于传媒企业家高瞻远瞩的判断力和源源不断的创新精神，使得汤森路透一路按照自己的独特方式不断发展壮大起来。

在大数据时代，传媒集团要抓住数据发展带来的机遇，需要大量的数据集成、搭建高级数据分析模型以及运用先进的数据分析工具，这些都需要巨大的资金与人力的投入。每一个决策、选择都反映出集团战略、金融与组织需求的动态集，这些都需要由集团高层管理而非中级管理人员决定，创建强大的数据资产需要的是传媒集团高级领导的参与和决策。

因此，传媒企业家作为传媒集团的创新舵手，对企业的发展起着极其重要的作用。传媒企业家的创造性经营思想就是一种重要的生产要素，在媒介集团的发展过程中发挥着其他要素无法替代的重要作用。媒介集团的创新突破的主要方向来源于传媒企业家的贡献，汤森路透传媒企业家的创新思维改变了汤森路透集团现有生产要素的产出效率，使得集团在能力存量上获得先动优势。

综上所述，数据推动媒体转型。在大数据时代，大数据对媒体的战略决策能力提出了考验，这就要求媒体适应新的信息生成方式和传播方式，通过战略转型，通过生产、分析、解读数据，针对不同的受众的个性化和专业化需求，为受众提供分众化服务和体验。以下是彭博社应对大数据挑战并顺应时代变化调整公司发展战略和业务策略的案例，希望能够对大数据时代媒介集团的发展提供一些启发。

案例：彭博“今日图表”栏目巧用数据挖掘

数据挖掘的新闻常常比传统新闻报道更有力度，也对记者提出了更高的要求。以彭博的“今日图表”（Chart of the Day）为例，在此解读一下数据挖掘在新闻报道中的应用。

“今日图表”是彭博社的一个数据挖掘类的报道栏目，这个栏目将彭博新闻、彭博数据与彭博分析整合起来，报道的深度、速度和灵活性都非常高，工作难度也很大。彭博主编 Matthew Winkler 声称这几乎是竞争对手无法复制的栏目。它通过图表和简单的事实来阐明道理，而不采用说教的方式来阐述。它是彭博新闻“show, don't tell”理念的体现，是一种简单而优雅的呈现观点及点燃想象力的方式。

“今日图表”由两部分构成，一部分是由彭博制作的图表，另一部分是一个 4 段至 6 段的文字报道。记者或编辑从纷繁复杂的数据、报道中寻找灵感。“今日图表”的灵感一般来自最近发生的新闻。记者或编辑的想象力、对数据的深入分析、每天的新闻标题、市场价格的异常变化，或者与分析师、投资者、经济学家的谈话都有可能提供灵感。

彭博社很重视深度信息的呈现，通过用数据挖掘得出的不同视角，丰富读者对事件的认知。比如：2012 年 11 月 2 日，“今日图表”对过去十年在上海证券交易所交易的股票进行分析，自 2002 年 11 月至 2012 年 10 月，贵州茅台就业股票上涨高达 3451%，市值从不到 10 亿美元到 410 亿美元，成为世界第二大造酒公司。由此引申，中国自 2002 年以来的经济发展，已经造就了一个富裕阶层，他们对奢侈品的需求，刺激了相关消费，因此出现茅台酒的大幅增长。而 3451% 的股价飙涨，对呈现中国经济的发展变化，是非常有说服力的。

数据挖掘技术能够从数字新闻中提炼出更多的价值，最重要的是找到对数据的解读方式和切入点。如今的网络使得世界各国的数据触手可及，在类似彭博、汤森路透、道琼斯等专业金融数据机构，这些数据更易获得，通过强大的数据挖掘技术，所作出的深度报道具有较高的参考价值。此外，读者的“大数据”蕴藏着尚未被挖掘的巨大价值，行为数据可用于分析读者喜好和使用习惯，根据这些分析结果制作出来的新闻对读者更有吸引力，并能够为内容发行商带来更大的收益。

本章小结

本章主要探讨了大数据时代媒介集团的发展战略，首先概述了企业发展战略的概念、战略层次和战略管理，然后论述企业信息资源的战略性以及信息资源对企业战略的影响作用，最后详细阐述了大数据时代媒介集团需重视的发展战略，即数据挖掘+产品差异化、受众需求与媒介接触点整合、核心能力+资源整合、传媒企业家的创新舵手作用。作为一种战略资源，企业信息资源具有价值性、稀缺性、难以模仿性和难以替代性的特点，对企业战略有着重要的影响作用，一是信息技术对提高企业效率的作用，二是信息技术对企业战略的影响。企业信息资源带给企业一种战略视角、思维方式的改变，对企业的发展战略起着正面的积极影响。另外，本章还以彭博这家公司为案例，旨在说明充分利用信息资源优势和信息技术条件制定适当的发展战略、拓展新的业务对大数据时代媒介公司的发展显得尤为重要。

第八章 汤森路透的发展战略研究

第一节 汤森路透的SWOT分析

在研究汤森路透的发展战略之前，有必要先分析一下汤森路透在市场竞争中的优、劣势以及其所面临的机会与威胁等因素。以下是对汤森路透2008年至2012年的SWOT分析，重点剖析汤森路透2008年到2012年的内部条件与外部环境的变化，以期发现汤森路透发展过程中呈现出来的一些问题。

汤森路透2008年至2012年内部发展的优、劣势以及外部发展的机会与威胁见以下的SWOT分析表：

表5 汤森路透2008—2012年SWOT分析

2008年汤森路透SWOT分析	
优势	劣势
强大的市场地位；多样化的产品及服务；强劲的增长趋势	严重依赖金融服务市场和金融产品
机会	威胁
重大收购；商业智能市场的增长趋势；POC市场的增长趋势；全球媒介市场的加速发展	激烈的市场竞争；越来越多的免费在线信息资源的使用；美国经济衰退
2009年汤森路透SWOT分析	
优势	劣势
强大的市场地位；定期订阅业务带来稳定收入；多元化的市场地理区域分布	未在商业电视服务市场占有份额

续表

机会	威胁
收购路透社所带来的协同效应；产品及服务的扩大与加强	主要经济体的经济复苏旷日持久；越来越多的免费在线信息资源的使用
2010 年汤森路透 SWOT 分析	
优势	劣势
强大的市场地位；定期订阅业务带来稳定收入；丰富的品牌产品及服务	未在商业电视服务市场占有份额；主要业务部门的收入减少
机会	威胁
战略性收购；新产品的开发；联盟与伙伴合作关系	激烈的竞争；越来越多的免费在线信息资源的使用
2011 年汤森路透 SWOT 分析	
优势	劣势
强大的市场地位为公司带来竞争优势；定期订阅业务带来的稳定收入保证了公司经营的稳定；多样化的产品及服务组合扩大了营收基础，降低了业务风险	未在商业电视服务市场占有份额；主要业务部门的收入减少，影响到公司的整体盈利
机会	威胁
策略性收购加强了公司业务经营，拓展了业务经营范围；新签合同将在未来几年给公司带来利润增长；联盟和伙伴关系拓展了公司的产品及服务范围，扩大了公司的客户基础	激烈的竞争可能会给公司的市场份额和盈利能力带来负面影响；越来越多的免费在线信息资源的使用可能会影响客户对汤森路透产品及服务的需求；Woodbridge 公司持有汤森路透的重大股权，这可能会影响汤森路透的战略决策、公司管理和业务经营
2012 年汤森路透 SWOT 分析	
优势	劣势
强大的市场地位为公司带来竞争优势；定期订阅业务带来的稳定收入保障了公司经营的稳定发展；多元化的产品组合及市场地理区域分布	利润率下降及疲软的资产负债表；诉讼问题对汤森路透的投资者信心造成负面影响①

① 2012 年 2 月 Waldman 公司集体上诉，指控汤森路透未经 Waldman 的许可就允许汤森路透的用户访问由律师和律师事务所创作的法庭文件副本，侵犯了 Waldman 的版权，使 Waldman 蒙受 5000 万美元的损失。2012 年 7 月，Alliance 公司的股东集体上讼，指控 Alliance 公司董事会成员违反其受信义务，与汤森路透串通，发出股权收购要约，企图收购 FX Alliance 公司所有在外流通的普通股，指控汤森路透协助 Alliance 公司董事会成员违反其受信义务。此外，汤森路透还面临着其他几项有关违反知识产权的诉讼。

续表

机会	威胁
战略性收购带来的增长；电子阅读的增长趋势	激烈的竞争可能会给公司的市场份额和盈利能力带来负面影响；越来越多的免费在线信息资源的使用可能会影响客户对汤森路透产品及服务的需求；金融服务行业经营与监管环境的不确定性

从以上对汤森路透2008—2012年的SWOT分析中，可以发现汤森路透在发展过程中企业内部的优、劣势及企业外部的发展机会与威胁等因素的变化趋势呈现出以下四个特征。

第一，汤森路透最重要的优势是强大的市场地位、多元化的产品和服务以及全球市场地理区域的优势互补，但是，随着全球信息服务业的发展，尤其是金融信息业的发展，汤森路透强大的市场地位越来越受到挑战。

汤森路透在信息服务市场和决策支持工具市场有着强有力的市场地位，是全球金融、法律、税务与会计、科技、医疗保健与媒介市场商业信息和专业信息服务的主要供应商之一，为全球专业人士提供相关的信息资讯、软件服务及解决方案等。路透通过遍布全球的34000个经营网点为全球40000多客户和400000万终端用户（专业人士）提供金融和交易服务。在法律业务方面，全球的财富500强公司中，有80%以上的公司使用汤森路透的法律研究资讯。汤森路透的法律业务中的West、Westlaw、Elite、FindLaw等品牌在市场上仍处于优势地位。此外，汤森路透这一品牌在美国商业周刊2009年全球百强品牌中排名第40位，依旧享有较高的品牌知名度。这种强势的市场地位增加了汤森路透的竞争优势，使汤森路透更有机会进入并扩大在相关市场领域的市场份额。

汤森路透拥有丰富的品牌产品及服务，涉及金融、媒介、法律、税务与会计、医疗保健、科技等业务领域。并购初期，汤森路透集团主要分成两大业务部门（见图12），即市场部和事业部，各个不同的子部门分别提供不同的、多样化的产品及服务。市场部下设销售与交易、企业业务、投资与咨询、媒介等部门。销售与交易部门提供外汇交易、固定收入、股票等交易类信息产品以及商品和能源市场的相关信息；企业业务部门提供支持资本市场商业自动化的相关信息和软件；投资与咨询部门为投资经理、理财经理、投资银行、研究分析师以及企业高管提供相关信息、决策支持工具和整合服务；媒介部门向报纸、电视台、有线电视网、广播电台及各种网站提供全球新闻信息和服务。事业部下设法律、税务与会计、科技及医疗保健部门。法律部门向法律、知识产权、合规等领域的专业人士及商业和政府部门的专业人士提供相关的重要信息以及决策支持工具和服务；税务与会计部门为北美地区的税务与会计专业人士提供相关的重要信息、决策支持工具和服务以及相关软件应用；科技部门为学术界、科技界、企业界和政府的研究人员、科技人员和信息专业人士提供相关的重要信息以及决策支持工具和服务；医疗保健部门为医疗保健市场的医生及其他专业人士提供相关的重要信息以及决策支持工具和服务。另外，汤森路透还拥有一系列的品牌产品，包括 Kondor + 、Lipper、Creative Solutions、Derwent World Patents Index、Westlaw、Medstat and Reuters 等。多样化的产品保证了汤森路透集团稳定的营收增长。2011 年年底，汤森路透进行了产业部门结构调整，自 2012 年 1 月 1 日起，汤森路透的主要业务部门改为五个，即金融与风险部、法律部、税务与会计部、知识产权与科技部和媒体部（见图 13），为各种行业领域的客户提供多样化的专业信息资讯产品及决策支持工具和服务。

在全球市场区域分布上，汤姆森公司在北美的市场份额与路透社在欧洲、中东和亚洲的市场份额形成良好的区域优势互补，有利于汤森路透拓展全球品牌业务、扩大全球市场份额。合并后的汤森路透加强了在欧洲、中东、非洲和亚洲的市场份额，形成了多元化市场地理区域分布。在汤森路透 2008 年的营业收入中，28. 3% 来自欧洲、中东和非洲地区，8. 62% 来自亚洲地区，与 2007 年的 13. 9%

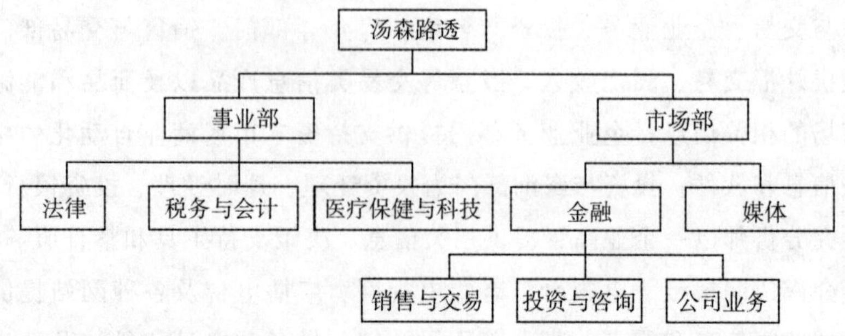

图12 汤森路透2007—2011年底的部门产业结构

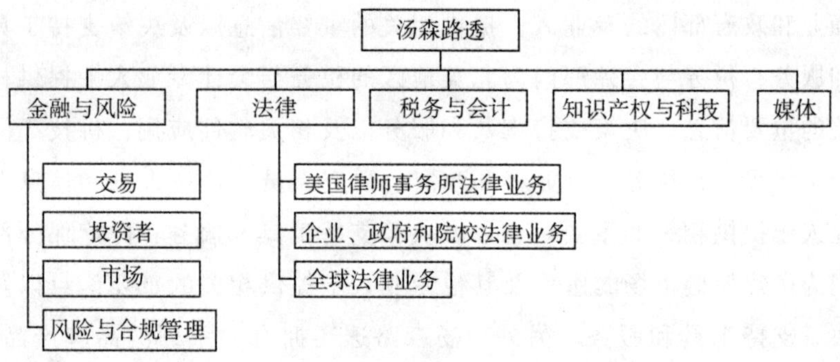

图13 汤森路透2012年1月1日起的部门产业结构

和3.2%相比，这几个地区在集团营业收入中所占的比例都有所增长。这也减少了汤森路透对美洲市场的过度依赖，美洲市场在集团营业收入中所占的比例由2007年的87%降低到2008年的63.1%。这种多元化的市场地理区域分布降低了汤森路透的业务风险，同时使汤森路透可以充分利用不同市场的发展机遇。目前，汤森路透的业务遍及美洲、欧洲、中东、非洲和亚太地区的100多个国家和地区，这从汤森路透2011年度的总收入地域分布上也可以体现出来，其中58.6%的收入来自美洲地区，29.6%的收入来自欧洲、中东和非洲（合称为EMEA地区），11.7%的收入来自亚太地区。而且，汤森路透2011年成立了一个新的部门机构，即全球成长与运营部门（Global Growth & Operations organization），GG&O专门协调各业务部门之间的工作，以便及时地把握在全球快速成长市场区域的发展机会。如今，GG&O 正在关注的区域板块包括拉丁美洲、中国、印度、中东、非洲、俄罗斯、独联体各国和土耳其。

多样化的产品组合及市场地理区域分布使汤森路透不会过多地依赖某一个市场区域、某一个终端市场或某一个产品种类，这样可以在高竞争性行业中降低业务风险。但是，随着全球信息服务业的发展，尤其是金融信息业的发展，汤森路透强大的市场地位越来越受到挑战，这从汤森路透在全球所占的市场份额的变化上可见一斑。

2007 年汤姆森公司在与路透社合并后，汤森路透在全球金融数据市场中所占份额跃居第一，占 34%，其后是彭博社，占全球金融数据市场份额的 33%①。2009 年，汤森路透占有全球金融数据市场 29.4% 的市场份额，虽居世界第一位，但与紧随其后的彭博社所占全球金融数据市场 29.2% 的市场份额相比相差无几，凸显出的优势并不明显。2010 年汤森路透占全球金融数据市场份额的 33.3%，紧随其后的是彭博社，占 30.2%。2011 年，汤森路透在金融服务终端市场所占的市场份额又滑落到 30%。激烈的市场竞争使得汤森路透的市场地位日益受到挑战。

第二，汤森路透在发展过程中的劣势主要是严重依赖金融服务市场和金融产品，在其他市场如商业电视服务市场没有占有份额，因此易受到全球金融市场波动带来的负面影响，造成主要业务部门的收入减少，影响公司的整体盈利。

汤森路透严重依赖迎合金融机构和交易商的金融服务市场，约 60% 的汤森路透 2007 年财政年度收入来自金融信息业务。但是，众所周知，2006 年年底始于美国房地产市场的次贷危机在 2007 年和 2008 年逐渐蔓延到其他国家和地区，造成一场全球性的金融灾难。全球金融行业由此受到美国次贷危机带来的负面影响，行业发展不

① 数据来源于 www.datamointor.com，本章有关汤森路透及全球传媒行业的未经注明的数据资料均来源于 Datamonitor。

景气，而汤森路透对金融服务行业和金融产品的严重依赖性势必会影响汤森路透的利润收入。比如，汤森路透2009年法律业务的营收为35.86亿美元，比2008年的36.39亿美元下降了1.5%。法律业务收入的下降是因为经济疲软导致企业对法律业务需求的减少。另外，汤森路透的医疗保健和科技业务的营业收入为8.78亿美元，与2008年相比下降了6.8%。2010年，占汤森路透总营业收入56.9%的市场部业务的营业收入从2009年的75.35亿美元下降到2010年的74.41亿美元，下降了1.2%。2010年，占汤森路透总营业收入29.4%的EMEA地区（即欧洲、中东和非洲地区）营业收入从2009年的39.48亿美元下降到2010年的38.45亿美元，下降了2.6%。这些主要业务部门收入的减少影响了汤森路透整个集团的盈利能力。

尽管汤森路透是商业和行业信息市场的龙头企业，但是汤森路透从未进军商业电视市场。相比之下，一些汤森路透的重要竞争对手却通过提供商业电视服务来加强他们在商业和行业信息市场的地位。比如，彭博社就拥有彭博电视频道（Bloomberg Television），全天24小时播报商业和金融新闻，还拥有BTV和商业电视服务；新闻集团旗下的道琼斯也可以充分利用新闻集团的商业电视和广播服务，包括FOX新闻频道（FOX News Channel）和FOX商业网（FOX Bussiness Network）以及NBC电视网。虽然未在商业电视服务市场占有份额对汤森路透来说并非其发展道路上的一个重要障碍，但这在一定程度上影响了汤森路透的竞争优势，不利于汤森路透进一步提升品牌形象和打入一些新的市场领域。

第三，汤森路透的发展机会主要来自收购和联盟伙伴关系、产品及服务的扩大与加强以及电子阅读的增长趋势。

汤森路透完成了多项重大收购项目，为今后的发展带来重大契机。比如，2007年8月，路透收购总部位于旧金山的StarMine公司，这家公司主要为股市分析人员提供分析工具、股市研究工具及性能评级工具。StarMine的分析工具正好能够将路透社的产品与汤姆森公司的产品互补和整合起来。2007 年 12 月，路透收购总部位于伦敦的 Gissing Group，这是一家提供实时的供应商中立解决方案的私人控股公司，公司在伦敦和纽约有办事处。2008 年 3 月，路透入股中国最大财经门户网站和讯网（ChinaWeb），拓展了路透产品的市场范围，加强了路透产品的客户基础。另外，汤姆森公司 2007 年收购了 PTS 公司，这是一家提供物业税合规业务外包与咨询服务的私人控股公司，兼并过来的 PTS 成为汤姆森公司税务与会计部门的一部分。这次收购有利于汤姆森公司拓展合规软件及服务的范围，解决所有类型的物业税问题。同年，汤姆森公司还收购了一家生命科学信息解决方案供应商 Prous Science 公司，以补充其制药与生物技术工作流产品及服务。2008 年初，汤姆森公司收购了 TaxStream 公司，这是一家帮助企业遵守、计划和缴付所得税的软件供应商。

2009 年 12 月，汤森路透收购了交易税管理软件应用及服务的供应商 Sabrix 公司。2010 年 2 月，汤森路透和 Ingenious Med 公司将彼此的临床工作流程产品合并成一个能够为医院和医生所使用的整合平台解决方案。2010 年 3 月，汤森路透收购了为诉讼律师提供专家咨询服务的 Round Table Group 公司，加强了公司的法律诉讼业务能力。同月，汤森路透旗下从事税务与会计业务的 Digita 公司与英国著名的会计培训与咨询组织 SWATUK 合作开发一种能使会计师事务所与其客户进行日常合规管理事务沟通的新产品。2010 年 4 月，汤森路透与 M2 Information Systems 公司合作，以加强临床决策和患者教育方面的业务。同月，汤森路透与 Palantir Technologies 公司签署协议，共同开发下一代金融分析平台 QA Studio。2010 年 5 月，汤森路透与一家向能源和环境市场提供交易分析、交易新闻和信息内容的、总部在挪威的点碳公司（Point Carbon）签订了收购协议，这项收购将强化汤森路透向能源行业提供市场信息和分析数据的能力。2010 年 5 月，汤森路透还收购了巴西的法律出版商 Revista dos Tribunais 公司，为汤森路透开拓了巴西的法律市场。同月，汤森路透旗下的 ProLaw 与 Fulton Bank 旗下的 Globle Exchange 结成联盟，将彼此的服务和技术和并，为跨国律师事务所提供国际支付程序解决方案。2010 年 6 月，汤森路透还与向金融服务机构及其顾问提供合规信息解决方案的 Complinet 公司签订了收购协议，这项收购将加强汤森路透为金融和法律市场提供合规信息解决方案的能力。2010 年 11 月初，汤森路透收购了四家公司，即 Highline Financial、Mace Advisers、Pangea3 和 GeneGo，它们分别是金融信息分析及资讯供应商、买卖方可转换债券服务供应商、法律流程外包服务供应商以及为制药研究与开发方面的专业人士和机构提供生物与疾病信息、分析、决策支持工具的供应商。

2011 年 2 月，汤森路透收购了新加坡的《亚洲法律杂志》（*Asian Legal Business*），它主要为中国、北亚、东南亚、日本、澳大利亚和中东等国家和地区的法律专业人士提供纸质版和在线法律新闻和资讯。2011 年 5 月，汤森路透收购了总部位于伦敦的 World-Check 公司和 Mastersaf 公司，前者是一家全球领先的反金融犯罪和金融腐败的信息供应商，后者是一家巴西的为本地公司提供税务与会计解决方案供应商。2011 年 6 月初，汤森路透收购了两家公司，一家是为全球的政府及市政机构提供物业税自动化软件和土地注册软件供应商 Mnatron 公司，另一家是南非的为跨国公司提供企业税合规软件供应商 CorpSmart 公司。2011 年 8 月，汤森路透收购了一家贵金属市场研究与分析公司 GFMS（Gold Fields Mineral Services），使汤森路透的业务范围扩展到金属市场领域。

2012 年 1 月，汤森路透收购了 Dr Tax（加拿大最大的所得税软件独立开发商），2 月收购 RedEgg（为公共关系和市场专业人员提供媒体智能解决方案的供应商），7 月份分别收购了环球邮报的共同基金数据库、总部位于伦敦的 Apsmart（由 DN Capital 主要控股的移动平台和产品开发公司）、MarkMonitor（在线品牌保护业务的领先者），8 月收购了 FXall 公司领先的跨行电子外汇交易平台。这些战略性收购是汤森路透成长战略的重要组成部分，战略性收购不仅扩大了汤森路透的市场份额，而且在一些高成长行业和高成长市场建立了业务网络。

除了进行重大收购外，汤森路透还陆续与不少新客户结成联盟伙伴关系，拓展业务网络。比如，2010 年 11 月，英国的 PwC 公司同汤森路透的税务与会计业务部门签约使用汤森路透的 ONE-SOURCE Corporate Tax UK 解决方案。2011 年 2 月，一个由 27 家医院组成的非营利性组织 Providence Health & Services 选择用汤森路透的 Micromedex 产品来支持其临床一体化护理方案。同月，欧洲研究委员会（European Research Council）与汤森路透签约 4 年，使用汤森路透的 Web of Knowledge。2011 年 4 月，汤森路透通过签约的方式将其产品 Micromedex 药品信息解决方案（Drug information solutions）提供给 Allina Health System 公司。2011 年 5 月，North Philadelphia Health System 公司也与汤森路透签约使用汤森路透的 Pharmacy Xpert 产品及服务，用以降低医师的药物治疗成本、提高治疗的效率与质量。2011 年 6 月，Portware 公司就企业云解决方案等与汤森路透签约，同月，美国癌症疾病中心（Cancer Treatment Centers of America）与汤森路透签约，获取汤森路透的 Micromedex 药品信息解决方案。2010 年 7 月，汤森路透旗下的 Techstreet 公司与美国供暖、制冷和空调工程师协会（American Society of Heating, Refrigeration and Air Conditioning Engineers）签约成为伙伴关系，共同推出一个为供暖、通风、空调和制冷专业工程师服务的新的在线市场。2010 年 9 月，汤森路透与世界知识产权组织（World Intellectual Property Organization）合作，提供获取发展中国家患者信息的免费或低成本渠道。2011 年 5 月，汤森路透与 GE Healthcare 公司联合提供精确临床研究数据集分析。2011 年 6 月，汤森路透与实时系统管理技术公司 ITRS Group 联合发布金融公司市场数据、交易和风险管理基础设施的实时可见性和性能监控系统。2011 年 7 月，汤森路透与 CareEvolution 合作开发先进的医疗健康信息交流分析与汇报系统。这些新签客户及新近结成的联盟与伙伴关系为汤森路透带来稳定的业务，扩大了汤森路透产品及业务范围，将在未来几年给公司带来利润增长，扩大公司未来几年的客户基础。

汤森路透的重大收购以及与其他领先企业建立起的联盟与合作关系扩大了汤森路透产品及服务范围。为了进一步扩大和加强产品及服务，汤森路透 2008 年 12 月收购了一家管理软件供应商 Paisley 公司，加强了汤森路透的税务与会计业务；2009 年与一家全球金融评论公司 Breakingviews 签订了收购协议。汤森路透还在 2009 年 10 月收购了 Deloitte 公司的 Abacus Enterprise 整套产品及相关服务；2009 年 11 月与 RWS Group 公司合作在汤森路透的 ONESOURCE 转让定价解决方案（ONESOURCE Transfer Pricing Solution）中添加了翻译功能；2009 年 11 月与一家交易税管理软件应用及服务供应商 Sabrix 公司签订了收购协议。此外，汤森路透还重视新产品的开发。比如，汤森路透开发了新闻发布管理产品 Web Disclosure、税务产品 ONESOURCE R&D Tax Credit Manager、法律产品 Westlaw Expert Center、互动视频平台产品 Reuters Insider、法律业务的项目规划与管理软件工具 Thomson Reuters Engage 和金融产品 Thomson Reuters PropGen 等。这些新产品的开发使得汤森路透能够吸引更多新客户，并在未来几年给公司带来新的创收。汤森路透产品及服务的扩大与加强将有助于提高汤森路透产品组合的吸引力及汤森路透的竞争力。

汤森路透在其发展过程中的另外一个重要机会就是全球电子阅读的增长趋势。近年来，随着电子阅读器（e-reader）、iPad、智能手机（smartphone）等设备的使用越来越多，电子阅读的概念也日益盛行。据相关行业的预估，全球电子阅读器的销售利润将有望从 2010 年的 19 亿美元上涨到 2014 年的 80 亿美元，这表明电子阅读的趋势将日益强盛。汤森路透的优势就在于其电子阅读平台，2012 年 7 月，汤森路透又推出了其最新版的电子阅读平台 Thomson Reuters Pro-

View。目前，在美国、英国、加拿大、澳大利亚和西班牙，这一电子阅读平台已经为 iPad 用户添加了控件和功能。ProView 的优点包括全文检索和内容更新等，是专业级的传输汤森路透专业内容和产品工具的平台，汤森路透的 Westlaw、Sweet & Maxwell、Carswell、Aranzadi 等专业内容信息都是通过这一电子阅读平台进行传输。汤森路透 2011 财政年度总收入的约 90% 来自销售电子化内容信息和服务。对于主要经营数字阅读的汤森路透来说，这种电子阅读的增长趋势会为公司的利润增长带来益处。

第四，汤森路透在发展过程中面临的威胁因素主要是激烈的市场竞争以及越来越多的免费在线资源的使用。

汤森路透在各个业务领域都面临着强劲有力的竞争对手。在交易信息产品方面的主要竞争对手有彭博社、SunGard、Six Group 和 IDC；投资者业务方面的主要竞争对手是彭博社、FactSet、S&P/Capital IQ、Morningstar、SunGard、Broadridge Financial Solutions、IDC 和 Telekurs；外汇交易业务方面的主要竞争对手包括彭博社和 ICAP 公司的 EBS 平台；风险合规管理业务方面的主要竞争者有威科、Protiviti、Bwise 和 MetricStream；金融犯罪和声誉风险市场的主要竞争对手是道琼斯、LexisNexis 和 Actimize；法律业务的主要竞争对手包括里德爱斯维尔（Reed Elsevier）、威科（Wolters Kluwer）和彭博社（2011 年收购了 BNA）；税务与会计的最大竞争者是威科；知识产权解决方案业务方面的最大竞争者包括 Corsearch、CPA Global、LexisNexis、Minesoft 以及一些专利局网站；生命科学业务的主要竞争对手是里德爱斯维尔、威科、Informa and Chemical Abstracts Services；会计与学术研究业务方面的最大竞争对手是里德爱斯维尔、威科、ProQuest、EBSCO、Aries 和 Google Scholar；路透新闻社业务的主要竞争对手是美联社、法新社、盖蒂图片社（Getty Images）；消费者出版业务方面的主要竞争者包括《华尔街日报》（WSJ. com）、彭博社、《福布斯》（Forbes. com）、CNN 财经（CNNMoney. com）和《金融时报》(FT. com)。信息与新闻行业的激烈竞争势必导致价格竞争的压力，对汤森路透的市场占有率和盈利能力带来影响。

另外，随着一些免费信息源提供越来越多的免费信息产品，使得像汤森路透这样的信息供应商面临着越来越激烈的竞争。比如，Google、Yahoo！等网站以及一些政府部门和监管机构等向公众提供越来越多的免费在线信息资源，而且越来越多的用户使用网络来获取信息，也导致免费信息使用的增多。虽然汤森路透努力使其信息产品有别于通过免费信息源获取的信息，但这种免费信息的易得性还是会影响人们对收费信息的需求，对汤森路透信息产品的销售造成消极影响。

从以上 SWOT 分析中可以发现，汤森路透的主要优势及发展机会随着全球信息服务市场的快速发展日益受到严峻挑战，汤森路透要在今后的发展中继续保持全球领先地位，还必须扬长避短、出奇制胜，不断地发挥自身优势，努力克服自身劣势和各种不利因素，及时抓住发展机会。

纵观汤森路透这几年的发展历程，有一些问题也值得我们进行反思。在金融领域，汤森路透的主要竞争对手是美国的彭博社。汤姆森公司原有的经营强项主要是法律、税务与会计业务，它与路透社合并的主要目的是想打造和加强其金融业务，与彭博社一较高低。因此，两家公司合并后集聚主要精力和财力来研发其金融产品 Eikon，甚至将整个公司都赌在这个产品的开发和销售上。2010 年 9 月，汤森路透推出新产品 Eikon，但是新产品的销售并未获得成功。截至 2011 年 6 月，汤森路透原有的 400000 个金融产品终端用户中大约只有 25000 个用户转到 Eikon 这一新的操作系统上，新签用户只有 3500 个。据有关数据显示，2010 年金融分析市场上涨 4.3%，但彭博社的销售额却上涨了 10%，其中很大一部分收益来源于汤森路透的失利。如今，彭博社和汤森路透在金融交易市场所占的份额不相上下，各自都是 31% 左右。彭博社从 2005 年的 25% 上升至 31%，而汤森路透从之前的37%下降到31%。法律曾一直是汤姆森公司的传统业务，现在，彭博社也在加紧开发自己的法律服务，即Bloomgerg Law service（为律师开发的一种研发工具），力争与汤森路透领先市场的法律业务Westlaw service相抗衡，汤森路透将面临彭博社带来的更大的竞争和考验。

在这次失败的新产品推出过程中，下面几方面的因素值得我们思考。

第一，行业特点。金融交易行业的特点是“速度第一”，时间就是金钱，一分一秒的耽误都可能带来巨大损失。因此，在金融交易市场上存在一种“软件锁定”（software lock-in）现象，即客户习惯了使用某种软件工具后，他们一般都不愿意转而使用其他软件，即使新的软件功能更好，因为使用新的、功能更好的软件需要花费一定的时间去学习操作新的交易系统，这样会耽误他们进行金融交易的时间。虽然Eikon的界面使用起来更为简便，但是人们已经习惯了使用彭博的交易系统来赚钱。

第二，产品质量及其与用户使用的契合度。Eikon的外观和工作方式类似于Google、Twitter和综合的新闻门户网站。汤森路透耗费巨资、雇用了两千多名技术人员来开发Eikon，有一万客户参加了测试。但是，由于汤森路透急于推出该产品，以致开发出来的Eikon未能实现一些关键功能，用户也抱怨历史数据与实时服务不能很好地整合。在速度就是生命的金融交易行业，Eikon系统却显得呆滞，甚至连汤森路透内部员工都抱怨Eikon的速度与性能。

第三，文化和心理因素。在美国，彭博社有30多年的历史，它的产品形象已经深入人心，尤其在北美地区。彭博金融数据系统已经成为一种排他性的、标志性的形象，成为一种地位的象征。人们在一英里之外就能够认出彭博的产品，因为他们对它太熟悉了。这种根深蒂固的文化和心理因素，对于出身于加拿大的家族企业汤森路透来说，与彭博社的竞争显得更加严峻。

由于金融业务方面的经营不理想，导致汤森路透进行裁员。2010年，Eikon推出后，由于产品性能及销售不佳，2011年7月汤森路透对市场部门进行了大整顿，辞退了与Eikon产品研发有关的6个高管人员，他们大部分来自路透社，其中包括维尼格（Wenig）。维尼格是格洛瑟（Glocer）的密友，是格洛瑟2001年上任路透社CEO后聘任的第一位高管。在与汤姆森公司合并之前，维尼格曾被认为最有可能接替格洛瑟的职位。汤森路透辞退了维尼格后，由格洛瑟接管市场部。他尝试简化部门结构，重新调整销售布局，力争扩大销售。但是销售情况仍未见好转，最后，格洛瑟自己也被扫地出门，由吉姆·斯密斯接任CEO。如今，业界都期待斯密斯在成本消减和产品改进上会采取更严厉的措施。

另据2013年2月13日美国The Wall Street Journal的报道，汤森路透宣称到2013年年底公司还将在其核心的金融与风险部裁员2500名，裁员人数占汤森路透全球6万员工的4%，其中第二季度裁员1000名，这次裁员的原因是汤森路透将其公司服务部（the Corporate Services division）出售给纳斯达克OMX集团，其他裁员主要是因为汤森路透原有产品的更新换代，一些老客户已经转到汤森路透新产品（Eikon和Electron）系统中。这些裁员将为汤森路透减少一亿美元左右的服务成本费用。金融与风险部是在汤森路透集团利润收入中所占比例最大的一个部门，其利润收入占汤森路透总利润的一半以上。但是，由于一些大银行的裁员和经济疲软，金融与风险部近几年来一直面临巨大压力，尤其是在欧洲地区，这已经危及该部门面对金融专业人士的客户基础。汤森路透集团CEO吉姆·斯密斯说："做出这一裁员决定并不是件容易的事，但是我们的成本结构必须符合我们客户的需求。"①

总之，快速的并购虽然使汤森路透在较短时间内获取了优势资

① 资料来源于 http：//online. wsj. com/article/SB10001424127887324616604578301770726249226. html，2013年2月13日。

源，为公司的结构优化和加快发展奠定了重要基础，但是，如果不能及时地将新近并购的企业及其业务与原公司的业务很好地融合起来并加强管理和经营，就难以发挥规模经济的效应，反而会增加管理成本和经营成本，使整个公司背上沉重的包袱。面对重重困难，汤森路透现在也正在调整其经营策略。它的未来之路走向如何还有待我们进一步关注。

第二节　汤森路透的发展战略分析

企业为了在激烈的市场竞争中保持自己的竞争优势，必定要制定企业的发展战略，通过企业发展战略的有效实施来实现企业的竞争优势。汤森路透在发展过程中采取了多种有效的发展战略，这些发展战略为汤森路透实现其在市场上的竞争优势奠定了基础。

一　内容管理：以数据信息服务为核心竞争力

大数据时代是一个以知识经济为主导的时代。知识经济的浪潮使人们越来越认识到信息和知识对于个人和企业的巨大价值。但是，分散、混乱的数据和信息形成不了竞争力，必须将之整合成系统的内容才能发挥数据和信息的价值。另外，企业业务应用和时间竞争也对内容管理提出了迫切需求。内容管理是媒体资产管理系统的综合调度与管理中心，内容管理不仅要对数据进行管理，还要将所有节目资料领域相关的元数据、文档资料等内容绑定，基于对象方式进行管理。内容管理一般可实现用户管理、工作流管理、转码和迁移等功能。用户管理是对用户身份信息、权限及认证授权的管理，工作流管理主要是对系统运行业务流程和数据对象进行分配、控制和管理，转码是通过某种手段改变现有数据的编码方式（比如视音频编解码、文件传输、元数据交换等），迁移主要实现内容在网络上的调用和传输。内容管理分为工具和服务两个方面，从技术和应用角度来看，内容管理的未来发展有以下几个趋势，一是应用范围的继续拓展，二是和业务应用的结合更加紧密，三是技术应用的进一步深化，四是和知识管理的趋向融合，并最终成为知识管理解决方案的组成部分。

分析汤森路透的发展战略，可以发现其发展战略的显著特征是注重内容管理，注重服务质量，以数据信息服务为核心竞争力。汤森路透的核心资产是信息数据，它提供的信息数据主要含括五大领域，即金融与风险、法律、税务与会计、知识产权与会计、媒体。汤森路透在这五大领域拥有庞大的数据仓库，提供数据信息服务与技术是汤森路透极具竞争力的核心业务。

“核心竞争力”这一概念最早是在1990年由美国密歇根大学商学院教授普拉哈拉德（C. K. Prahalad）和伦敦商学院教授加里·哈默尔（Gary Hamel）在其合著的《公司核心竞争力》（*The Core Competence of the Corporation*）一书中提出的。他们认为，核心竞争力是一种组织中的积累性知识，尤其是关于怎样协调多种生产技能和整合不同技术的知识和技能，并据此长期获得竞争优势的能力，这种能力是竞争对手难以复制和模仿的。① 在普拉哈拉德和哈默尔看来，核心竞争力的贡献在于实现顾客最为关注的、核心的、根本的利益，而不仅仅是一些普通的、短期的好处。关于媒介集团的核心竞争力，可以作如下界定：媒介集团核心竞争力就是媒介集团利用品牌的影响力、内容产品及服务的吸引力和独创性，能够为受众创造价值，因而能够赢得受众、占领市场，在内容生产、复制和传播过程中形成持续、稳定的竞争优势，并使媒介集团获得最佳经济和社会效益的一种独特的、不易模仿的综合能力。

汤森路透在其发展过程中一直注重核心竞争力的塑造，公司“核心竞争力”的战略思想来源于肯尼斯·汤姆森的理念——“做自

---

① Prahalad, C. K. Hamel, Gary. The Core Competence of the Corporation, Harvard Business Review, 1990 (5-10).

己最擅长的”。在汤森路透的发展历史中，不断的并购和出售也都是为了要做自己最擅长的，而且要做得最好。因此，这一观念逐渐发展为汤姆森公司的一个重要经营理念，即“永远做行业中的领头羊，而不做别人背后的追随者”。这一点在大卫·汤姆森收购拥有160多年历史的路透社，从而一跃成为全球金融信息供应领域的老大可见一斑。

汤森路透的发展过程，就是一个不断打造核心业务或核心竞争力的过程。汤森路透将公司的核心业务定位为：给愿意为内容和服务付费的专业人士和决策者提供智能化、数字化信息。自2007年以来，汤森路透的大部分收购都是以金融、法律、税务与财务等核心业务为主线，加强这些业务的数字化和数据化发展，出售核心业务之外的其他业务，以集中优势资源将核心业务做成行业领袖。

从早期汤姆森公司的发展史就可以看出，为了塑造和加强企业的核心竞争力，公司总是适时地根据时代特征和市场状况，不断调整公司的经营策略，不断做着加法和减法。这种加减法并用的经营策略源于肯尼斯·汤姆森的居安思危理念。肯尼斯相信，如果汤姆森公司在某一领域不能继续保持第一或第二的位置，它就应该退出这一领域。从某种程度上说，汤森路透的核心竞争力的塑造是通过这种加减法并用的经营策略来实现的。在20世界80年代，当报纸媒体尽管受到互联网这一新兴媒体的冲击，但还是有着丰厚利润空间，甚至远远高于其他行业的利润率时，当有些公司还在不断收购报纸、扩大自己的媒体经营范围时，汤姆森公司在看到了互联网对报业的威胁后，果断地出售了包括《泰晤士报》在内的一百多家报刊，全面进军电子资讯市场。后来的事实证明，汤姆森公司的战略决策是正确的。汤姆森公司的电子资讯业务一经推出，便获得了成功。除了在传媒领域，汤姆森公司在石油、旅游和零售业等方面的出售战略也使公司在恰当的时候将这些当时如日中天却好景不长的产业从公司分离出去，避免这些产业对公司核心业务经营的拖累。

1989 年，肯尼斯将曾为公司带来丰厚利润的北海油田的股份全部出售，不久国际油价暴跌。1998 年，汤姆森公司将旗下的汤姆森旅游公司以 13 亿英镑的高价出售给一家德国公司。在旅行社遍布大街小巷、旅游市场处于饱和状态的今天，人们可以看到，当年肯尼斯的“急流勇退”是多么富有远见。随后，肯尼斯又将旗下的哈德逊湾百货公司（Hudson Bay Department Store）的股份全部出售，而今天，加拿大的零售业在沃尔玛和其他美国零售业巨头的挤占下已经节节败退。

2007 年，汤姆森公司为了收购路透社，大卫·汤姆森又将旗下具有丰厚利润的汤姆森学习集团出售。2008 年，汤姆森公司成功收购路透社后，汤森路透依然执行着公司一贯的策略，那就是：追求业务投资组合的利益最大化，确保所投资的业务带来最大的发展和收益机会。为了保证所投资的是最具发展潜力的业务，汤森路透通过并购和出售等多种形式继续为公司打造核心竞争力业务，清理非核心业务。其核心业务就是数字化或者数据化业务，包括辅助和加强数据信息传播的各种软件、平台、数据库等。因此，汤森路透 2007 年以来并购的企业多为一些软件公司和数据开发公司。

这种“并购和出售兼施的加减法战略”是汤森路透实现多种经营和塑造核心竞争力的基本手段，汤森路透正是通过这一手段打造核心竞争力。通过加法，汤森路透优化了公司的资产组合，打造出优秀的企业核心业务，确保公司投资的业务能够带来最大的收益，能够抓住最有利机会得到更快的发展。通过减法，汤森路透积极主动地处置了不少经营不良的业务，比如出售事业部的 BARBRI 业务、斯堪的纳维亚法律和税务与会计业务以及市场部的 Treasura 业务等，使公司免于不良业务或非核心业务的拖累，而且可以腾出更多的资金和精力来打造公司的核心业务。

以汤森路透 2011 年的收购和出售为例，汤森路透在 2011 年共花费 13 亿美元收购了 39 家企业，其中收购价格超过五千万的企业有以下四个：

表 6 汤森路透 2011 年收购的大企业名录

汤森路透业务部门	收购企业	国家	企业描述
税务与会计	Manatron	美国	为政府和市政当局提供地产税务自动化与土地注册软件的供应商
税务与会计	Mastersaf	巴西	税务与会计软件供应商
风险与合规管理	World-Check	英国	金融犯罪与反腐信息供应商
金融与风险	Rafferty Capital Markets	美国	注册经纪交易商

同年，汤森路透出售资产的收益达 4.15 亿美元（税后）。在 2011 年出售的业务中，出售价格超过 5 千万美元的是：

表 7 汤森路透 2011 年出售的重要资产

汤森路透业务部门	出售资产	国家	资产描述
法律	BARBRI	美国	提供律师考试培训班和律师课程、软件、讲义及其他工具
法律，税务与会计	斯堪的纳维亚地区的法律、税务与会计业务	丹麦 瑞典	在丹麦和瑞典提供法律和监管产品及服务
金融与风险	Trade and Risk Management①	英国	向银行、经纪人交易商和对冲基金等金融机构提供风险管理解决方案

与此同时，汤森路透 2012 年继续出售一些不属于公司核心战略的业务，这些资产出售预计为汤森路透带来约 1.7 亿美元的收入。汤森路透计划在 2012 年完成的出售主要包括以下资产：

表 8 汤森路透 2012 年计划出售的主要资产

汤森路透业务部门	出售资产	资产描述
法律	Law School Publishing	法律教科书供应商
税务与会计	Portia	会计与报告应用程序供应商
税务与会计	Property Tax Consulting	在美国为当地客户提供财产物业税务外包与合规服务的供应商
市场部	eXimius	向财富管理公司提供软件及服务的供应商

① 此项业务的出售于 2012 年 1 月完成。

此外，汤森路透2012年还计划以12.5亿美元的价格将汤森路透的医疗保健业务出售给一家位于纽约的Veritas公司。汤森路透计划用这笔收益对现有的产品和服务进行投资和并购，还计划用这笔收益的一部分资金来回购汤森路透集团的股份。

可以说，汤森路透现有的大部分核心业务都是通过并购组建而成，汤森路透的并购从本质上说都是战术性的并购，所并购的企业都是与企业的发展目标、企业业务的发展方向以及公司的核心业务定位相一致的，即以数据信息服务为核心。因此，汤森路透所并购的企业多属于信息产品或与之相关的信息服务行业，且多为这些行业的佼佼者。这样的话，汤森路透易于将这些并购企业整合到自己的核心业务中，在加强和提升核心业务的同时拓宽该业务的服务范围，进入与该业务相关联的新市场，不断扩大汤森路透在全球市场的份额和提高竞争力。汤森路透在收购与公司核心业务相关的优良企业的同时，也不断出售公司的非核心业务或经营不佳的业务，把不良资产从公司剥离出去，以充分发挥公司的核心竞争力。从汤森路透的发展历程来看，汤森路透根据时代特征和市场状况，不断调整自己的经营策略。在增加投资的同时，通过出售业绩不佳的公司及其他办法来控制成本、提高生产力。此外，汤森路透还通过停产非主流产品、强化数据中心、巩固产品平台、降低成本和复杂性等措施，致力于为客户提供更好、更专业的数据信息服务，提高自己在信息服务行业市场中的核心竞争力。

二　渠道扩张：联盟与并购战略

互联网等新媒体的产生与发展，对报纸等传统媒体形成了一定的影响和冲击，在很大程度上改变了信息传播的方式和传媒媒体的市场格局。汤森路透实现了向数字化、数据化、专业化、行业化信息服务的转型后，为了维护和保持自己在市场上的领导地位，不断地实施渠道扩张战略。纵观汤姆森公司及汤森路透的发展史，不难发现，汤森路透的发展壮大，与其所执行的渠道扩张战略有着密切关系。渠道扩张战略源于汤姆森公司早年由肯尼斯·汤姆森提出的公司发展战略：为了适应时代的进步和要求，必须积极应用信息技术，提供各类电子解决方案，积极拓展国际市场。这成为汤姆森公司的重要发展理念。用汤姆森公司总裁哈林顿自己的话来说，就是“客户的活动已日益扩展到全球范围，我们必须追随他们”。在这一理念的指导下，汤姆森公司从 20 世纪 80 年代开始便依照渠道扩张战略的指导方向，先后将电子信息服务业务延伸到欧洲和亚洲。

汤森路透拥有丰富的内容资源，这是其进军渠道扩张的优势所在。通过拓展在全球范围的渠道市场，汤森路透为其内容资源打开更为广阔的传播渠道，从而通过规模经济效应降低内容成本，并通过占领全球市场渠道，实现全球范围内的资源优化配置，达到利润最大化的目的。汤森路透的渠道扩张战略主要通过战略合作和并购数字化传媒公司来实现。

1. 战略合作与联盟

汤森路透为了拓宽业务发展渠道，与其他专业化、技术化媒介公司结成了不少联盟与伙伴关系。2010 年 2 月，汤森路透和 Ingenious Med 公司将彼此的临床工作流程产品合并成一个能够为医院和医生所使用的整合平台解决方案。2010 年 3 月，汤森路透旗下从事税务与会计业务的 Digita 公司与英国著名的会计培训与咨询组织 SWATUK 合作开发一种能使会计师事务所与其客户进行日常合规管理事务沟通的新产品。2010 年 4 月，汤森路透与 M2 Information Systems 公司合作，以加强临床决策和患者教育方面的业务。同月，汤森路透与 Palantir Technologies 公司签署协议，共同开发下一代金融分析平台 QA Studio。2010 年 5 月，汤森路透旗下的 ProLaw 与 Fulton Bank 旗下的 Globle Exchange 结成联盟，将彼此的服务和技术和并，为跨国律师事务所提供国际支付程序解决方案。这些与其他领先企业建立起的联盟与合作关系有助于汤森路透扩大产品及服务范围，在未来几年内可能会扩大汤森路透的客户基础。2010 年 7 月，汤森路透旗下的 Techstreet 公司与美国供暖、制冷和空调工程师协会（American Society of Heating, Refrigeration and Air Conditioning Engineers）签约成为伙伴关系，共同推出一个为供暖、通风、空调和制冷专业工程师服务的新的在线市场。2010 年 9 月，汤森路透与世界知识产权组织（World Intellectual Property Organization）合作，提供获取发展中国家患者信息的免费或低成本渠道。2011 年 5 月，汤森路透与 GE Healthcare 公司联合提供精确临床研究数据集分析。2011 年 6 月，汤森路透与实时系统管理技术公司 ITRS Group 联合发布金融公司市场数据、交易和风险管理基础设施的实时可见性和性能监控系统。2011 年 7 月，汤森路透与 CareEvolution 合作开发先进的医疗健康信息交流分析与汇报系统。这些同其他领先公司结成的联盟与伙伴关系将扩大汤森路透产品及业务发展渠道，有利于扩大公司未来几年的客户基础。

2. 并购数字化传媒公司

从汤森路透 2011 年的并购企业分布来看，有三分之二的并购是发生在北美地区之外，这一做法正是要支持汤森路透制定的全球渠道扩张战略方针。到目前为止，汤森路透所并购的企业主要在美国、加拿大、英国、西班牙、巴西、阿根廷、巴拉圭、乌拉圭、中国、日本、澳大利亚和南非。汤森路透全球前十位雇员人数最多的办事处分别位于美国伊岗（Eagan, MN, U. S.）、印度海得拉巴（Hyderabad, India）、印度班加罗尔（Bangalore, India）、中国北京（Beijing, China）、英国伦敦（London, U. K.）、泰国曼谷（Bangkok, Thailand）、美国纽约（New York, NY, U. S.）、阿根廷布宜诺斯艾利斯（Buenos Aires, Argentina）、菲律宾马尼拉（Manila, Philippines）、加拿大多伦多（Toronto, Canada）。从汤森路透员工分布来看，截至 2011 年 12 月 31 日，汤森路透在全球的员工人数达 60500 人，其中美洲地区 28500 人，EMEA 地区（即欧洲、中东和非洲）

12300 人，亚洲地区 19700 人。

汤森路透在执行全球渠道扩张战略时，重视市场本土化，能够很好地将全球化与本土化结合起来。为了更好地执行渠道扩张战略，汤森路透在 2012 年建立了一个新的部门——全球发展与运营部（Global Growth & Operations organization）。全球发展与运营部的职责是详细分析全球市场潜力，关注本土市场发展机遇，进一步加快汤森路透在全球重要市场的发展。该部门在工作上同汤森路透的金融与风险、法律、税务与会计以及知识产权与科技业务部门紧密联系，共同拓展汤森路透在全球的市场份额，促进汤森路透在具有巨大发展机会的国家和地区的成长与发展。全球发展与运营部将在本土市场中注入资金，通过市场渗透充分利用发展机遇，并且通过与本土市场客户建立更紧密的联系，加快融入本土市场。目前，全球发展与运营部目前正在全力关注的区域包括拉丁美洲、中国、印度、中东、非洲、俄罗斯、独联体各国①以及土耳其。过去，汤森路透在本土市场开发这方面成绩斐然，也取得了关键性的发展。今后，汤森路透势必更加大规模地开拓全球的本土市场。

从汤森路透的发展史来看，汤森路透的渠道扩张逐渐朝着专业化、数字化的方向发展。根据汤森路透 2012 年的数据资料②，汤森路透重视开发拉丁美洲的法律、税务与会计市场，是因为它认为拉丁美洲具有巨大潜力可以发展成为专业市场。在 2010 年至 2012 年的两年间，汤森路透在拉丁美洲完成了几项兼并。汤森路透认为，相对于发达经济国家的低经济增长，巴西及其他拉丁美洲国家具有较高的经济发展潜力。汤森路透看中拉丁美洲，是因为同美国和欧洲市场相比，这里有庞大的和正在成长的专业阶层、发达的专业化

① 指的是独立国家联合体（Commonwealth of Independent States—CIS），是由苏联大多数共和国组成的进行多边合作的独立国家联合体，简称“独联体”。

② 资料来源于汤森路透的“Fact Book 2012”，http：//ar. thomsonreuters. com/home. html，2012 年 10 月 31 日。

市场以及较低的专业人士人均消费水平。2010 年汤森路透收购了巴西最大的法律出版社——Revista Dos Tribunais，2011 年又收购了巴西一家税务与会计软件提供商——Mastersaf。现在，汤森路透正在将 Mastersaf 公司整合到汤森路透的 Global ONESOURCE 平台。2009 年，汤森路透的法律、税务与会计业务的营业收入不到 3.5 千万美元，但是到 2012 年年底，汤森路透预计法律和税务与会计的营业收入将超过 3 亿美元。

截至 2012 年年底，汤森路透在拉丁美洲收购的法律、税务与会计行业的大企业主要如下：

表 9　　汤森路透在拉丁美洲收购的主要大企业

企业名称	企业描述	国家
Revista Dos Tribunais	最大的法律出版社	巴西
Mastersaf	最大的税务与会计软件提供商	巴西
Tedesco	重要的法律软件提供商	巴西
Legal Publishing Group，PuntoLex	最大的法律信息提供商	智利
La Ley and Abeledo Perrot	最大的法律信息提供商	阿根廷　巴拉圭 乌拉圭
Sistemas Bejerman	最大的税务与会计软件提供商	阿根廷　巴拉圭 乌拉圭

汤森路透通过战略合作和并购专业化、数字化传媒公司，实现了在全球范围内的快速扩张，占有了全球的重要市场和一些主要的新兴市场，大大拓展了公司的数据信息服务在全球的业务发展渠道。

联盟与并购战略，使汤森路透较好地实现了内容和渠道的整合，优化了资源的使用。在这一过程中，汤森路透利用了先进传媒技术，顺应了受众信息消费模式的改变，实现了传媒盈利模式的创新。大数据时代，受众的信息消费方式由传统的对信息的分割式消费向集合式消费模式转变，受众已不再满足于传统传媒的单向受传关系和信息同质的大众化传播，而是更倾向于追求互动平等的传播和个性化的信息服务。汤森路透敏锐地发现并顺应了受众这种信息消费模式的改变，将内容与渠道整合起来，为受众提供个性化的、集成式的、便利的、迅速的、互动的、专业的信息资讯，实现了以受众付费为主导的盈利模式。

三　技术创新：重视数字技术研发与数据平台建设

汤森路透对技术的重视可以从其资金支出中得到反映，汤森路透每年都在技术上投入大量资金。例如，汤森路透 2009 年相关技术的支出将近 10 亿美元，约占全部总投资的 88%[①]，在 2011 年的总资金支出中，与技术相关的资金支出占据 90% 左右。汤森路透对技术的资金和人力投入多半都是用来研发数字技术与建设数字平台。

汤森路透认为，随着全球专业人士数量的增加，会产生更多的获取专业信息产品及服务的需求。因此，汤森路透不断进行数字技术创新与改进，通过其产品的用户端口更快速、更轻松地满足客户工作流程需求。汤森路透拥有专门的研发团队，包括科研专家和软件工程师，他们的专业背景横跨数学、语言学、心理学、计算机科学和人工智能等领域。汤森路透还将公司的技术人才、技术平台和技术流程等整合成一个紧密相连的技术组织架构，大大提高了公司技术资产的灵活性和互操作性，从而吸引更多高层客户网。为了适应行业的快速变化，汤森路透还开发出一系列应用于各种不同操作系统、不同设备类型和不同地理区域的商业模式，并将终端系统的开发与多媒体运用结合起来。

2011 年，汤森路透的目标是集中精力提高公司的经营效率，将用于技术维护和基础设施建设方面的花费转到新产品开发上来，并通过使用统一的共同平台来提高战略性技术能力。比如，在 2011 年年初，汤森路透将公司信息系统进行集中管理，不仅简化了公司的应用程序组合，还提高了公司应用程序组合的标准化。此外，汤森

① 李瑛、宋歌：《汤姆森——路透集团核心竞争力的构建及其借鉴意义》，《郑州大学学报》（哲学社会科学版）2011 年第 3 期。

路透还加强了许多技术平台的建设，以提高平台的工作效率。

在汤森路透创新型产品和技术的背后，是由专家打造的权威信息内容。汤森路透认为，技术的应用提高了信息的相关性及信息向客户传送的速度，这将为客户和汤森路透自身节省成本。根据汤森路透的发展规划，公司还会继续在搜索、语义技术、数据连接和用户端口设计等重要技术领域有所作为。此外，汤森路透还认识到，深入了解客户行为有助于改进产品和创利赢收。为此，公司开始采取最佳做法提高企业分析能力，同时，公司还努力寻求保护客户隐私权的方法，定期检查公司各种应用程序和系统的信息安全。

创新是汤森路透成功的关键，也是汤森路透的主要竞争力之一。汤森路透的创新表现在产品研发方面，就是进行大量的重要研发活动，并将研发成果应用于汤森路透的产品、服务和技术中。汤森路透在系统排名（system ranking）、信息存储（information storage）、数据挖掘（data mining）、信息模式（information patterns）、预测（forecasting）、评价（valuation）、交易指令路由途径（routing trade orders）等领域已经申请了许多专利，并发表了不少关于机器学习算法（machine learning algorithms）和信息检索（information retrieval）等的学术论文。汤森路透除了有敬业的专职研发团队外，其他各部门也积极利用创新技术开发产品及服务。

汤森路透不断坚持开发新产品、新平台，巩固和推进核心业务产品的发展。比如在2010年，汤森路透开发的新产品有：新一代法律研究平台 WestlawNext、旗舰版金融信息平台 Thomson Reuters Eikon、供电子交易和数据分配时使用的超低延时基础设施 Thomson Reuters Elektron、全球税务工作站 ONESOURCE、医疗决策支持工具 Advantage Suite 5.0、提供全球性免费法律帮助和反腐败新闻的 TrustLaw、传递来自路透及其他150多家全球合作伙伴的信息的多媒体平台 Reuters Insider。汤森路透的产品多元化之终极目的是实现信息的更加专业化，并通过技术创新为客户创造更为便捷多元的专业化信息获取渠道，使汤森路透能更快更好地满足客户的需求。

此外，为了加强公司专业信息数据库建设和专业信息产品开发，使其内容更加专业化、产品更加多元化，汤森路透还兼并一些专业信息行业的龙头企业来维护和扩大在行业领域中的势力范围。比如，从汤森路透21世纪初开始所兼并的企业性质来看，几乎全部兼并企业都是有关法律、金融与风险、税务与会计等方面的信息及软件供应商，而且这些企业一般都是行业中的佼佼者。另外，汤森路透还通过收购尖端的软件技术公司的途径来并保证自己在技术上处于领先状态，维护和巩固自己在专业信息市场上的霸主地位。为此，汤森路透收购了诸如美国的Manatron公司，拉美的Mastersaf、Tedesco、Sistemas Bejerman公司等，这些公司都是在税务、会计和法律领域顶尖的软件提供商。

汤森路透90%左右的业务都是采用电子付费订阅方式发送给客户，汤森路透认为只有通过先进的信息技术手段才能提供“应有尽有”的信息，最大限度地满足顾客需求。正是由于汤森路透坚持不懈地追求在产品研发与技术能力方面的不断创新与进步，才使得汤森路透的业务发展有着与其他信息传媒企业不同的、独树一帜的特点和特长。

四　用户导向：满足用户和市场需求

大数据时代，数字化潮流催生了愿意为内容付费的用户，而网络和终端的普及和应用又为内容的规模化销售提供了平台。为了满足用户的需求并通过规模销售来获取更多的利润，媒介组织需要以用户需求为导向进行生产和营销。

汤森路透高度重视用户和市场需求，并以此作为公司业务发展的风向标。在汤森路透的公司手册中，明确提出了“客户第一”（Customer First）的服务理念，并将之作为公司的服务宗旨和战斗口号。汤森路透绝大部分营业收入都是通过以付费订阅的方式将电子信息内容及服务直接销售给客户来获得。公司多年的经营状况表明这种销售模式不仅能够保持较高的资本效率和现金流量生成能力，而且能够使汤森路透保持在市场上的领先位置，并不断进行拓展。汤森路透在每个细分市场领域，都尽力去深入了解客户的需求，提高技术平台的灵活性，拓展专有信息内容的规模，以满足客户的需求。汤森路透最富竞争力的优势之一，就是能够提供嵌入客户工作流程的解决方案，这使得汤森路透的客户群体具有很高的忠诚度。

在信息服务中，信息资源不是决定信息服务优势的唯一因素，因为资源和服务的同质化越来越明显。而且，我们现在所处的信息时代是一个碎片化的时代，人们的注意力难以持久，所以以客户需求为中心、强调对客户个性化需要的满足就显得尤其重要。从本质上说，以客户为中心就是以内容为中心。信息服务真正的核心价值就是信息内容，通过最先进的技术、最有效地利用信息，由此改变人的行为是一切信息活动的根本目的。因此，数字化信息服务必须坚持需求导向原则，高度重视用户信息需求的研究，树立顾客至上的观念。用户需求始终是数字化信息服务管理创新的源泉，成功的信息服务机构要及时把握信息市场需求和充分挖掘信息企业的独特优势，才能为用户提供更有深度、更有见解和更贴切的信息服务。这也是为什么汤森路透始终坚持以客户需要为导向的原因。汤森路透一直强调以客户为中心、重视客户、关注客户、为客户提供其所需的高质量的内容——这是汤森路透赢得客户信赖、取得成功的关键所在。汤森路透的服务理念是以无人能及的深度和速度为顾客提供其所需要的信息，敏锐把握客户需求，尤其是高端客户的需求。因此，汤森路透积极发展和应用各种信息技术工具就是为了确保能为顾客提供“应有尽有”的信息。

汤森路透一直重视其产品的市场营销，因为汤森路透的专业信息产品多数都是付费产品，只有通过产品的销售，才能为公司创利赢收，才能使公司长久经营下去。2011 年，汤森路透简化业务部门结构，使销售人员与市场、客户和产品部门的联系更加紧密，目的就是进一步提高市场销售能力。

从汤森路透的员工结构上也可以反映出汤森路透对市场营销业务的重视。如之前在介绍汤森路透发展现状时，曾提到汤森路透到2011年12月31日为止，其在全球的员工人数已经达到60500人，其中市场部有27800人，占公司总人数的46%。汤森路透对市场销售的重视由此可见一斑。

汤森路透的大部分产品及服务都是直接销售给客户，另外，还有一部分产品及服务是通过网络在线销售的方式直接销售给客户。如今，汤森路透在在线销售方面取得了很大成功。汤森路透的网络在线销售的市场营销手段不仅拓宽了客户群体范围，而且降低了销售和市场营销成本。这使得汤森路透用别具一格的市场销售方式创造出较高的销售盈利。

以上从内容、渠道、技术、用户四个方面阐述了汤森路透的在新的媒介环境下的发展战略，即在内容上以数据信息服务为核心竞争力，在渠道上采取全球渠道扩张战略、在技术上重视数字技术研发与数据平台建设，在用户方面以用户与市场需求为导向。汤森路透通过在以上四个方面所采取的发展战略成功地塑造了企业的竞争优势，使其能够在全球快速扩张，并培育出具有较高忠诚度的客户群体，在竞争激烈的媒介市场中逐步树立和稳固了自己的市场地位。

本章小结

本章首先对汤森路透2008年至2012年的发展情况进行了较为详细的SWOT分析，剖析了汤森路透2008年以来企业内部条件和所面临的外部环境的变化，然后分析了汤森路透为顺应媒介环境变化而采用的企业发展战略，即以数据信息服务为核心竞争力、渠道扩张战略、重视数字技术研发与数据平台建设、以用户和市场需求为导向。汤森路透的这些发展战略反映出汤森路透积极适应媒介环境变化、迅速把握市场发展趋势的敏锐性与前瞻性，为大数据时代媒介集团的发展提供了重要的参考作用。

第九章 结语

第一节 大数据时代中国媒介集团发展路径思考

庞大的受众群体和应用市场，高复杂性和充满变化，这些特点使得中国成为世界上最复杂的大数据国家。解决由大规模数据引发的问题，探索以大数据为基础的解决方案，是中国传媒产业升级、效率提高的重要手段。

我国有关传媒经营的学术研究从1978年党的十一届三中全会后逐步开始，进入1990年代后，随着传媒经营事件在中国的快速发展，有关媒介经济学的研究也逐渐兴起，出现了一批研究人员，涌现了一批成果。在基础理论体系的建构层面，有周鸿铎的《传媒经济导论》《广播电视经济学》；吴飞的《大众传媒经济学》；金碚的《报业经济学》；吴克宇的《电视媒介经济学》；赵曙光、史宇曙的《媒介经济学——一个急速变革行业的原理和实践》；吴信训等人合著的《现代媒介经济学》；喻国明的《传媒经济学教程》。其他一些专著有黄生民、丁俊杰主编的《媒介经营与产业化研究》《国际化背景下的中国媒介产业化透视》；宋建武的《中国媒介经济与媒介运作》；陆地的《中国电视产业发展战略》；曹鹏的《中国报业集团发展研究》等，有关传媒经济学的学术论文则为数更多。

众所周知，中国先前的媒体体制是借用苏联的共产主义模式，媒体的角色是党的“耳目喉舌”，从而否定了媒体的经济功能和工业特色。因此，国内对媒体经济的研究在20世纪80年代之前基本上是空白。许多国内外学者（赵月枝，1998；童兵，2002）指出，从1978年至今，中国新闻文化经历了两次发展的高潮。第一次是在1985年前后，在全国和全党的工作真正确立以经济建设为中心之后，新闻媒体的许多观念必须随之更新，比如破除单一的机关报观念，形成以党报和新华通讯社、中央电视台为核心的新闻联动传播网络；破除单一的党性观念，在突出党性的前提下，确立群众性、民族性等观念，明确新闻事业既是党和政府的耳目喉舌，又是群众的耳目喉舌；破除单一的指导观念，确立指导就是服务的观念，把新闻的指导性和服务性、思想性和知识性、趣味性结合起来。这些新闻媒体观念的转变，带动了新闻运作的改革。传播模式从过去的单向传播转为双向交流、上下沟通的新模式，传播方式从过去的说教方式转为对话、交谈的平等方式，传播次序从过去的封闭僵化转为开放、灵活的新秩序。中国传媒的第二次突破出现在1993年前后，中国正式确立社会主义市场经济体制。新闻体制改革的内容，围绕多种所有制形式和多种经营权形式、所有权和经营权的分离展开，媒介经济逐步实行“外部断奶、内部开放”的自收自支、责任承包的管理制度。到20世纪90年代末，大部分媒体都实现了经济的独立。[①] 此后，媒体的经济功能日渐引起人们的重视，媒体产业的概念开始流行。2011年开始的“十二五”规划明确提出我国将推动文化产业成为国民经济支柱性产业，这无疑为传媒业增添了新的动力。2011年中国传媒产业取得了跨越式的发展，中央对中国传媒长期发展的总体产业布局及自上而下推动深化改革的产业政策，为未来的传媒产业的发展奠定了制度基础。新体制下的企业运行机制更加市场化，使媒体产业获得更大的发展空间和自由度。

---

① 曾华国：《媒体的扩张》，南方日报出版社2004年版，第7—8页。

中国传媒业集团的组建从1995年1月1日开始到2004年年底广电集团的停止组建，走过了近十年的历程。传媒集团化是传媒组织发展到一定历史阶段的产物，是在外部竞争和内部发展需要扩大的情况下，本着扩大经营规模、降低生产成本、增加竞争实力、追求规模效益的原则，通过内部积累或外部扩张（兼并、联合）的方式产生的。我国传媒集团组建的动因主要有三点：一是追求规模经济，二是节约管理成本，降低交易费用，三是占领市场份额。我国传媒业集团的组建从报业开始。1996年1月，国家正式批准成立了第一家报业集团试点单位——广州日报报业集团。广州日报报业集团的改革在经济效益和社会效益上取得了良好成效，于是国家新闻出版总署在2001年又正式批准《河北日报》《湖北日报》《云南日报》《重庆日报》《新华日报》《吉林日报》《湖南日报》《杭州日报》《长春日报》《长沙晚报》10家报社金融报业集团试点行业。到目前为止，报业集团从一个试点单位发展到2002年年底正式批准的39个试点单位，此外还有十几家未经中宣部和新闻出版总署批准但自己在当地成立报业集团的地市报社，这些地市报社在当地党委、政府部门和工商部门都已登记注册，在经营运作等方面都比较规范。中国广播影视业集团化行为从1999年开始，当年6月，无锡广播电视集团组建，成为中国第一个广播电视集团。2000年12月27日，我国第一家省级广播电视集团——湖南广播影视集团正式挂牌。2001年，上海文化广播影视集团、北京广播影视集团也先后成立，12月6日，中央电视台、中央人民广播电台、中国国际广播电台、中国电影集团公司、中国广播电视传输网络公司等单位联合组建成中国最大的传媒集团——中国广播影视集团。2004年12月21—22日，国家广电总局在全国广播影视工作会议上表示今后不再批准组建事业性质的广电集团，只允许组建事业性质的广播电视台或总台。已成立的十几个事业性质的广电集团，可以将集团改为总台，如果要继续保留事业性质，则必须将经营性资产剥离，组建新的产业经营公司或集团公司，与总台相对独立运作。[①]

在大数据时代，数据应用已经渗透到社会的各个行业，这对传媒业会带来哪些影响？在过去几年里，全球一些具有创新精神的新闻媒体已经开始尝试利用数据更好地报道新闻，帮助读者理解正在发生的新闻事件，以及这些事件对人们生活的影响。这些尝试或多或少地改变了传统的新闻生产过程和呈现方式，这将不可避免地对新闻学带来深远影响。数据新闻学（Data Journalism）就是在数据浪潮影响下诞生出来的一个新闻学新领域，它在多学科的技术手段下，应用丰富的、交互性的可视化效果展示新闻事实，把数据与社会、数据与个人之间的复杂关系用可视化手段向公众展示出来，以客观、易于理解的报道方式激发公众对公共议题的关注和参与。这种新的新闻生产方式已经被英国广播公司（BBC）、《卫报》、《纽约时报》、《洛杉矶时报》等一些国际主流媒体广泛使用。[②]

"大数据"的发展将推进传媒发展与融合，随着三网融合政策推进，媒介集团跨领域、行业的整合与全方位发展已渐成趋势。"大数据"处理的规模化、自动化、自愈性等特点使不同用户终端之间资源共享成为可能。终端用户不必携带专用的设备，在任何一个连接数据中心核心系统平台的客户端设备，如机顶盒、PC、智能手机等，都可以通过浏览器进行登录，延续看了一部分的电影或者写了一半的文章。大数据时代的到来，推进了三网融合背后的深度业务推广，使跨网络业务运营成了可能。

国际数据公司（IDC）对大数据的未来发展做出了十大预测，也代表了业界对大数据热点的预期。这些预测包括：大数据走向商业化、部分早期 Hadoop 项目面临挑战、开源软件有发展机遇、大数据加剧软件公司间的并购、大数据应用市场增长迅速、大数据的网

---

① 详见 2004 年 12 月 22 日新华社电讯，http://tech.sina.com.cn/t/2004-12-23/1023482521.shtml。

② 郭晓科：《大数据》，清华大学出版社 2013 年版，第 28—32 页。

络数据处理走向企业级、大数据催生更多细分市场、打包的大数据行业分析应用应运而生、基础架构规模扩大、中国成为全球最重要的大数据市场。作为现代信息经济和知识经济的重要组成部分，传媒业的发展既受到信息技术革命的影响，也经历着产业体制改革和战略转型的挑战。从技术发展的方面来看，随着信息技术和互联网技术的进一步发展，数字电视、数字广播、数字报纸、数字杂志以及各种移动媒体等新媒体的迅猛发展，大数据时代不仅改变了信息传播方式，也改变了人们的消费方式、生活方式和思维方式。

大数据时代新的传播特点和传播环境为传媒集团的发展带来新的挑战和机遇，信息数字化和传播网络化使传媒业面临新的媒介环境，中国传媒集团有必要不断创新，寻找在大数据时代的发展之路，获取持续的竞争力，从而保持自身的生存和壮大。为适应大数据时代的发展，传媒业的思维模式、运作方式、商务模式和盈利模式等都需要进行相应的改变和调整。在此，对中国传媒集团的成长与发展提出以下路径思考：

一　明确受众需求，找准细分市场

大数据时代的一个重要趋势就是数据服务革新。在茫茫的海量数据中，我们可以把人分成很多各自有着独特属性的群体，针对每个群体给予不同的服务。媒介集团可以通过数据挖掘等途径找到媒介集团关注的客户属性，总结出用户需求，根据用户的需求提供个性化产品，开拓细化市场。媒介集团只有对外部环境有了深入的了解，才有可能制定明智的战略。而受众需求是媒介集团亟须了解的一个重要外部环境要素。只有充分了解和掌握受众的需求，才能明确市场应该如何定位，战略如何制定。

当今世界正在步入一个信息传递高速化的大数据时代，信息技术的发展对生产方式产生了变革性冲击，数字化网络改变了信息生产者的统治地位，受众在信息生产与消费中的地位越来越重要。在大数据时代，媒介集团必须分析社会政治经济大环境和受众的心理需求，把握社会发展的潮流，从发展的角度研究媒介集团的市场定位，这样才能在激烈的市场竞争中保持自己的独特优势和不可替代性。比如新浪、网易、搜狐三大国内门户网站根据自身的特点采取了不同的盈利模式。新浪在新闻信息传播方面占据优势，主要依靠网络广告和无限增值的盈利模式；网易主要依靠网络游戏的盈利模式，网络游戏占网易收入的80%以上；搜狐的国际化运营，成果吸引了大量国外风险投资。这三大网站用其显著特色吸引了无数受众和风险投资商，利用受众资源和投资者提供的资本，率先在全国实现了盈利。①

大数据时代，用户高度重视体验，这就要求媒介公司必须以用户和市场为导向。在受众需求方面，要重视用户体验，充分利用数字技术实现媒体和用户的互动，提升用户体验能力。在市场细分方面，要有预见性和前瞻性，能够对市场的发展趋势做出正确的判断，及时把握发展机会。在大数据时代，传媒产品在数字化技术的支撑下能够采用更加便捷的手段进行复制、存储、处理和传播。数字技术引发了传媒产品生产方式的变化，受众的消费模式也更加细分化和小众化。如何正确把握受众需求和市场发展趋势，对传媒业的发展至关重要。

信息产品是为受众服务的，因此，了解受众需求的发展变化，根据受众的需求进行业细分市场定位，是大数据时代媒介集团市场经营管理的基础。以受众为中心，精心研究受众需求，实现“差别化”“个性化”服务。媒介集团要通过前瞻的判断和科技的手段预测需求、引导需求以及挖掘受众的潜在需求，从而在细分市场竞争中赢得先机。

二　重视数字技术与数据分析，深度挖掘数据价值

大数据时代，如何有效利用数字技术和数据资源，将是媒介集

① 周鸿铎：《媒介经营与管理总论》，经济管理出版社2005年版，第118页。

团面临的重要挑战和机遇。数字技术不仅改变了传统内容的生产方式、信息传播渠道和受众的信息接触行为等，还影响到整个社会的信息传播方式、个体之间的沟通方式、国家的信息化战略和国家经济发展等诸多方面。大数据时代，媒介集团的发展需要以技术为驱动。一方面，数字技术激发了用户的潜在需求；另一方面，用户需求又成为媒介技术发展的目标。传媒产业在数字技术发展的推动下，从传统的模拟平台向完全数字化的技术世界转型，这导致了软件和硬件发展的巨大变化。而无论是硬件还是软件，它们的技术革新都为娱乐与信息产品持续开发了新的市场。

随着数字技术的进步与发展，传媒企业与受众都在为追赶快速变化的时代脚步而不断努力。数字环境为内容的传播带来了极大的促进作用，为了传输大型数据文件，传媒产业在发展宽带网络方面投入了巨资，最终视频节目和电影文件等都将能够通过互联网解码后进行顺畅的传输。[①] 网络正在改变着传媒产业，也影响着媒介公司的经济学。首先，互联网降低了媒介公司的通信成本、节省了时间、削减了公司对公司的交易成本，促进了公司内部及供应商和客户之间的沟通与信息流动。其次，获取信息资源的渠道的改善使媒介公司受益匪浅。网上各种形式、各种话题的大规模数据资料大大降低了媒介公司的信息收集成本。再次，互联网也是媒介公司一个非常重要的宣传工具。传媒公司可以很容易地将自己的数字化传媒内容专用在自己的宣传网站上。最后，互联网本身就是一个传输平台，互联网为传媒内容以极低的边际成本通过附加传输平台传输创造了机会。所以，媒介公司为此而展开了内容推广、营销和传播的新阶段。为了开辟新的收入来源，几乎所有的媒介公司都对互联网所蕴含的无穷数据抱有极大兴趣。

除了重视数字传媒技术外，大力开发数据资源的价值也是大数

① Gilder, G. (2000). Telecosm. New York: Free Press.

据时代媒介集团要充分重视的问题。数据挖掘不仅能够成为传媒公司竞争力的来源，也将成为国家竞争力的一部分。

数据挖掘通常要有以下 8 个步骤[①]：（1）信息收集：根据数据分析对象，抽象出在数据分析中所需要的特征信息，选择合适的信息收集方法，将收集到的信息存入数据库；（2）数据集成：将不同来源、格式、特性的数据在逻辑上或物理上有机地集中，为企业提供全面的数据共享；（3）数据规约：数据规约技术既接近于保持原数据的完整性，又可以是数据集的规约表示小得多，以方便数据处理；（4）数据清理：将数据库中不完整的、含噪音的数据信息清理掉，将完整、正确、一致的数据信息存入数据库；（5）数据变换：通过平滑聚集、数据概化、规范化等方式将数据转换成适于数据挖掘的形式；（6）数据挖掘过程：选择合适的分析工具、应用统计方法、事例推理、决策树、规则推理、模糊集、神经网络、遗传算法等方法处理信息，得出有用的分析信息；（7）模式评估：从商业角度，由行业专家来验证数据挖掘结果的正确性；（8）知识表示：将数据挖掘所得到的分析信息以可视化的方式呈现给用户，或作为新的知识存放在知识库中，供其他应用程序使用。以上的数据规约、数据清理和数据变换又合称为数据预处理。在数据挖掘中，至少 60% 的费用可能是花费在第一步的信息收集阶段，至少 60% 以上的精力和时间花费在数据预处理阶段。

在大数据时代，媒介集团应该以用户和数据为中心建立强大的数据储备，创新数据处理方法，确保用户数据安全，体现数据挖掘的价值，从大量数据中寻找潜在规律以形成规则或知识。为此，媒体要重视数据收集与分析，尤其要多收集大量非结构性的用户数据，基于用户数据进行用户关系管理，通过增进与用户的沟通交流改善服务质量，或者通过了解用户需求和喜好开发出便于用户使用的数据

① 谭磊：《New Internet：大数据挖掘》，电子工业出版社 2013 年版，第 45—46 页。

产品，或者利用用户信息为媒介集团的内容传播提供支持，真正体现出数据挖掘的价值。在确认大数据分析策略之前，必须确保数据来源和数据储备，并确认有合理的数据分析能力。例如，大数据分析所需要的数据也许不会来自一个数据来源，而是多个数据来源，有时还需要伙伴部门的支持和配合。在得到数据后，如果没有专门的数据分析人员进行数据分析，数据也不会产生完整的价值。所以，完整的数据来源，有效的数据分析力量，是大数据创造价值的前提条件。在电信业，目前已经有业界人士提出挖掘大数据价值的七种模式①，即数据存储空间出租、客户关系管理、企业经营决策指导、个性化精准推荐、建设本地化数据集市、数据搜索以及创新社会管理。

在用户数据搜集方面，已经有不少公司开始重视并研发出新的产品功能来收集用户信息数据，比如，2012 年 Facebook 和 Path 等国外互联网公司都开始运用时间轴（Timeline）功能，2013 年腾讯公司的 QQ 空间里也推出了时间轴功能。时间轴由用户自我编辑、记录个人的行为轨迹，并可以控制个人信息只给想展示的人。时间轴赋予用户一个载体，他可以在互联网上将零散的时光串联起来，可以随意“回到过去”编辑和添加更多相关信息，从而完全准确地呈现用户完整的个人生活。时间轴让用户在互联网上呈现更加个性化、隐私化、立体化、互动化的数据和信息，这些数据和信息都蕴含着巨大的商业价值。

如今，数据的极大丰富已经成为当前社会的重要特征，据 IDC 的一份调研报告显示，全球的数据量在以每 5 年 10 倍的速度快速增长。随着互联网的普及，数据的来源越发多样化，人们在博客、微博、Facebook 等社交媒介上发表的各种意见及使用痕迹，都成为对企业意义重大的数据来源。另外，企业还有机会从其他机构获取有价值的数据，例如，汤森路透建立了金融交易、法律、税务等方面

① 程慧：《运营商挖掘大数据价值的 7 种模式》，《中国电信业》2013 年第 2 期。

的庞大数据库，美国的 Acxiom 公司拥有超过两亿美国成年人在购物和生活方式等方方面面的相关数据，汤森路透和 Acxiom 公司利用这些数据为它们的合作伙伴提供服务。随着数据源的丰富，数据的管理和分析工作面临艰巨的挑战。从各个数据源抽取和搜集数据、建立数据库、管理数据，是进行数据挖掘的基础和重要组成部分，这些基础工作需要投入大量资金购买昂贵的软硬件系统设施。数据挖掘是一项应用技术，随着新的业务领域、新数据的出现以及新的业务需求的出现，数据挖掘也需要不断地发展技术和拓展应用领域。

现在，国内已有不少媒体开始重视应对大数据时代的挑战。据 2013 年 2 月 25 日的《佛山日报》报道，佛山传媒集团日前已与尼尔森市场调查公司签订战略合作协议，以深入把握大数据时代给媒体转型带来的新机遇，积极应对大数据时代对媒体造成的冲击与挑战。佛山传媒集团党委书记、管委会主任刘宁表示："在正在来临的大数据时代，佛山传媒将与尼尔森合作，在传播信息的同时，进而开发利用信息资源，通过对数据的整合分析，整合优化内部资源，活化外部资源，加强媒体的个性化服务，从大数据角度做好品牌经营管理，实现媒体的转型发展。"①

除了在企业层面重视大数据，还应将大数据提升到国家战略的高度。大数据是一个具有国家战略意义的新兴产业，许多发达国家已经在加紧大数据技术的开发和研究，我国也开始鼓励相关研究。2012 年 5 月 30 日，国务院通过了《"十二五"国家战略性新兴产业发展规划》，提出支持高端软件和新兴信息服务产业，支持海量数据存储、处理技术的研发与产业化。《"十二五"国家战略性新兴产业发展规划》② 指出，要加强以网络化操作系统、海量数据处理软件等

① 王亚亮：《佛山传媒集团与尼尔森签约合作，大数据时代探索媒体转型》，http://epaper.citygf.com/szb/html/2013-02/25/content_505676743.htm。

② 《"十二五"国家战略性新兴产业发展规划》，http://baike.baidu.com/link?url=yaLW1t2ZHrClakMNji_RnHKhrOInLaWJsQp-b_AtLaV1N52mFXeWcfESpH2hE5e21NVnO-LAvZFrLP0FEPbGKm_。

为代表的基础软件、云计算软件、工业软件、智能终端软件、信息安全软件等关键软件的开发，推动大型信息资源库建设，积极培育云计算服务、电子商务服务等新兴服务业态，促进信息系统集成服务向产业链前后端延伸，推进网络信息服务体系变革转型和信息服务的普及，利用信息技术发展数字内容产业，提升文化创意产业，促进信息化与工业化的深度融合。2012年2月24日，我国工业和信息化部正式发布了《物联网“十二五”发展规划》，规划期为2011年至2015年。《物联网“十二五”发展规划》[①] 中，将信息处理技术列为四项关键技术创新工程之一，其中包括海量数据存储、数据挖掘、图像视频智能分析。

大数据的收集与分析已经成为差异化竞争力研究的新领域。根据近期的一篇哈佛商业评论文章，公司需要三个关键能力来支持大数据分析，一是定位并管理多个数据来源，二是建立完善数据分析模型的能力，三是对公司进行转型的决心和管理能力。[②] 大数据分析给公司带来的机遇很多，例如核心竞争力的提升、创新经营等，但成功的关键是要建立清晰的企业发展目标，并按照步骤有序地落实每一个阶段的工作。大数据分析尤其是大公司必须关注的一个策略。比如，一个传统的大型零售业公司可能面临来自一个网络零售公司的威胁，这家网络公司通过对用户的数据分析，得到详细的用户数据，并根据数据结论让卖家更容易更高效地出售商品，从而影响大公司的销售与市场份额。大公司面临这样的威胁，应该着重关注两点来解决威胁，一是确认自己的市场，二是合理地对大数据分析进行投资以优化公司能力。但是，在数据挖掘过程中也要注意避免一些错误，如简单地依赖一项技术（至少要和传统方法做个比较）、提错了问题（要有正确的目标和研究问题）、只靠数据来说话（避免投

① 《物联网“十二五”发展规划》，http：//www.miit.gov.cn/n11293472/n11293832/n11294072/n11302450/14457095.html。

② 资料来源于 http：//www.pmtoo.com/data/2012/1203/1628.html，2012年12月4日。

机取巧的数据和经过设计的实验）、随意进行抽样（应打乱数据集顺序，保证抽样的随机性）、轻信预测（事物是不断发展变化的，没有正确的结论，只有越来越准确的结论）等。此外，数据分析人员还要在掌握科学的数据和丰富的业务知识的同时，用正确的思维模式去思考问题，这样才能更好地去分析、解决问题。总之，从大数据中挖掘出来的有价值的信息，可以使媒介集团在决策时更有据可依，从而改善企业的决策、提高企业的决策质量。

三　传媒理念的转变——从“内容为王”到“信息服务为王”

从“内容为王”到“信息服务为王”理念的转变，是解决我们这个时代“信息海量”与“信息难求”之间矛盾的要求。大数据时代是一个“信息爆炸”的时代，但这个时代却也面临着信息海量与信息难求之间的矛盾。也就是说，信息数量的增加速度远远大于人们获取有用信息的速度，一方面，信息的数量不断膨胀，另一方面，想获取对自己有价值的信息却变得更加困难。这主要是因为信息越多，反而增加了有效信息选择的难度，而且茫茫的信息海洋中充斥着很多具有片面性、虚假性或已经过时的信息，这些信息对人们或决策者来说不仅无益反而有相当大的危害。因此，媒介要赢得受众或用户的青睐，一定要在信息的内容质量上有突破，能够提供高质量的内容，这些内容是人们或决策者所需要的、对他们的个人需求或决策行为有价值的那部分信息。这些信息要和个人需求的满足或决策的问题密切相关，要尽量完整和全面，要准确反映事实情况，要表述清晰，要及时更新以保证时效性。因此，信息服务主要是提供这种高质量、有价值的信息，来更好地满足受众或用户对信息或知识需求的综合性要求。

众所周知，媒介受众的心理特点主要有个性化、务实、获益、新奇、求真，注重自我需要和精神生活的实现和满足。从边际效用规律来看，受众在消费各种传媒产品时，遵循着边际效益递减规律。

效用是指消费某种物品或服务是消费者所感受到的满足程度，这是一种主观的心理评价。边际效用是指消费者每增加一个单位产品的消费所得到的效用量的增量。经济学认为，随着一个人连续消费某种商品数量的增加，其总效用在一定范围内虽然会相应增加，但边际效用却越来越小，这就是边际效用递减规律。比如看某个电视剧，看第一遍时是全新的体验，所感受到的满足程度最大；看第二遍时可能会因为对情节、演员、画面等有了更多的了解导致所带来的满足感的增量是小于第一遍的全新感受的；但第三遍是增量的满足程度会更低。正是因为边际效用递减，所以人们不断追求多样化的产品，创新也就成为传媒领域永恒的主题。

大数据时代，中国媒介集团要注意传媒理念的更新和转变，要从传统的“内容为王”的传媒理念向“信息服务为王”的传媒理念发展。在大数据时代，过载信息与用户有效需求之间的矛盾依旧存在甚至更加深化。在信息海洋中，不管是多么好的内容，如果不能有效地同用户需求吻合，也很难发挥出内容自身的价值。这就要求传统媒体转变观念，树立起“信息服务为王”的理念。从本质上来说，“信息服务”就是“内容” + “服务”。之前，传统媒体强调的是内容，但较少考虑如何提供相应的、高质量的、相匹配的服务，这其中也存在技术条件等限制因素。随着大数据时代的到来，高质量的内容产品仍然具有较强的竞争力，但是，这些高质量的内容产品如果能够适应人们新的媒体消费习惯，能够更加重视分众的、个性化的内容资源，那么这种“产品链”与“服务链”的完美结合将是未来传媒产业的最强竞争力。因此，传统媒体转型的关键就是“信息智能匹配”，即信息与用户有效需求之间的对接。未来更好地贯彻“信息服务为王”的理念，信息利用的便利性以及信息服务平台的人性化将是传媒企业未来要考虑的重要问题。

随着在大数据时代数字技术的进一步发展以及信息业与传媒业融合加快，移动互联网将进入快速发展期。而移动互联网的发展关键在于建立大型信息服务终端和平台，通过网络技术跟踪每个用户的需求偏好，再根据其消费偏好进行差别化定价和服务。在这种传媒业与信息业进一步融合的情形下，传媒业所从事的其实就是信息服务业，因此，在大数据时代媒体应该是一个“信息服务商”，而不仅仅是“内容提供商”[1]。成为“信息提供商”就是要为用户提供满足其需求的信息，并采用合适的渠道来使这些能够满足用户需求的信息有效地到达用户。这就要求媒介公司以读者和市场为导向，对信息进行深层次的加工，对媒体进行精准定位，选择合适的传播技术，并对客户关系进行有效管理。

总之，传媒集团要转变观念，要有服务意识，通过向受众提供高质量的、有价值的信息内容产品并提供相匹配的优质服务来打造集团的核心竞争力。在媒介集团进行媒介产品创新时，要生产出适合目标受众需要的、具有品牌效应的传媒产品来培育自身的核心竞争力。为此，媒介集团要认真分析细分市场，选择目标受众群，研究他们的需求特点、需求方式、需求规律等问题，有针对性地开发、生产和营销产品，培养产品品牌及忠实的受众群体，提高产品服务质量，积极开拓市场，提高市场占有率。另外，媒介集团要善于处理信息，提高信息服务质量以及对信息的加工处理能力和深度挖掘能力。随着信息增值服务业的兴起与快速发展，增值服务业务的经济空间非常可观。只有对信息价值进行深度挖掘，才能充分利用信息资源，提升信息价值，更好地为用户提供信息服务。

四　树立品牌意识，提升品牌影响力

在信息数据化时代的媒介市场竞争中，品牌越来越成为一种无形资源。品牌是媒体的形象符号，是受众和广告客户对媒体的产品质量和人员素质，信息传播的准确性、公正性、权威性以及履行社

---

① 郭全中：《“十二五”期间中国传媒业的趋势——兼谈传媒集团规划中的几个关键问题》，世界传媒产业评论 2011 年版，第 110—111 页。

会责任方面的综合评价。品牌就是偏好，就是忠诚度。传媒竞争，也是对媒体品牌建设成果的检验。对媒介集团而言，品牌增值虽然不能立竿见影地实现短期现金流增长，但是良好的传媒品牌可以在较长的时期内吸引更多的受众关注，为企业的后续发展带来广阔的空间，有利于媒介集团有效提高运营能力和水平。同时，传媒品牌是媒介集团在发展过程中遭遇挫折时的一个缓冲器，它可以提升媒介集团抵御市场风险的能力。

以汤森路透为例，它一方面通过整合资源来提升品牌影响力，另一方面通过内容创新来塑造品牌个性价值。首先，汤森路透通过整合资源来提升品牌影响力。汤森路透的资源整合主要是通过并购快速形成。汤森路透在加强核心业务产品开发之外，通过以核心业务为主线的兼并，在市场竞争中抢占先机，树立自己的品牌形象，通过资源整合来提升品牌影响力，巩固自身在市场中的地位。汤姆森公司通过收购一些有名的大企业，加强在法律、金融与风险、税务与会计、知识产权与科技等领域的信息数据库，在保持良好的财务业绩的同时，利用所收购的著名企业的影响力不断提升自己的品牌效应。例如，汤姆森公司于1996年收购了美国最有影响的法律图书出版商——西方出版公司，该公司有着120多年的历史，在整个西方法律出版界占有举足轻重的地位。收购西方出版公司，不仅给汤姆森公司带来了权威的法律出版资源，一流的技术服务和通畅的网络，而且西方出版公司的加入大大提升了汤姆森公司的品牌影响力，汤姆森公司依托西方出版公司也获得了快速发展。在收购西方出版公司后的几年中，汤姆森公司又先后收购了200多家企业，公司不断发展壮大，建立了一个强大的电子资讯王国。如今，汤森路透在法律专业内容信息细分市场上已经树立起了West、Westlaw、WestlawNext和West LegalEducenter等知名品牌。另外，汤姆森公司积极进取塑造品牌形象的又一巨大努力是收购路透社。路透社拥有160多年的历史，汤姆森公司收购路透社，这是英国路透集团在历史上第一次由一个家族企业来控制经营，引起了传媒界人士的热议，汤姆森公司也由此声名鹊起，引来诸多关注。与大名鼎鼎的路透社相比，汤姆森集团还是要逊色不少，但是这次收购使得汤姆森集团的知名度大大提高，路透社的加入给汤姆森公司带来了国际化品牌和全球范围的竞争力。汤姆森公司收购路透社后，树立了汤森路透这一国际品牌，为公司的后续发展积累了更多的获得成功和进步的机会。2008 年公司改名为汤森路透后，又陆续收购多家企业，快速扩充企业业务范围。汤森路透 2009 年完成兼并 31 项，2010 年完成兼并 26 项，2011 年完成兼并 39 项，汤森路透正在以更快的速度发展，并在全球进行着扩张。如今，Thomson Reuters Cortellis（一个包括药品研发管线信息、专利、买卖、公司信息、最新重大行业新闻和会议报道等权威信息的整合平台）、Thomson Reuters Integrity（一个为制药和生物公司的研发人员提供生物、化学和制药信息数据的平台）和 Thomson Reuters Web of Knowledge（一个包括汤森路透自己的多个专业数据和第三方托管的信息内容在内的，为政府机构科研人员和学者、研究型图书馆及大专院校提供获取、分析和管理研发信息的整合平台）已经成为所在市场领域中的知名品牌。

其次，通过内容创新来塑造品牌个性价值。随着传播技术的不断发展，人们获取信息的渠道增多，媒介集团在传播渠道上已经难以形成优势。内容资源和内容创新则是媒介集团塑造核心竞争力和品牌形象的关键。在媒介竞争时代，能够对信息资源进行有效获取和掌控是媒介集团获得媒介内容竞争优势的基础。随着科学技术为人们提供的信息采集手段越来越多样化，信息收集的重要性已经让位于信息整理和加工的重要性。在此基础上，努力提高所拥有的信息资源的利用水平，才能够有效提升媒介组织的核心竞争力。汤森路透不像其他媒介集团诸如报纸、广播、电视等媒体那样，在他们的经营收入中广告、发行或节目收入往往占较大的比重。汤森路透主要是向其客户提供信息产品及服务而直接收取客户的费用，客户是支持汤森路透企业经营的最直接经济来源，客户直接付费是汤森路透最重要的收入渠道。汤森路透看到了全球专业人士数量的增长以及这些专业人士对信息需求的增长，从众多受众群体中挑选出这一部分受众作为企业的核心客户群体。汤森路透在核心竞争力发展战略下实施内容专业化策略，向这些客户提供专业化的信息、分析数据和解决方案。在内容方面，汤森路透专注于金融与风险、法律、税务与会计、知识产权与科技这几个专业性强的高端市场，注重内容产品及服务的精细化、专业化以及信息供给的快速与便捷性。“内容为王”是汤森路透企业发展的命脉，是汤森路透的制胜法宝。在“内容为王”的指导思想下，汤森路透密切关注客户需求，提出了“客户第一”的战斗口号和服务理念。汤森路透不仅努力地使其内容能够吸引受众，在承载内容的载体上也尽可能地贴近受众生活形态和媒介接触习惯，并在传受互动机制上为受众提供充分的便利与实惠，依据客户的需求精心打造出使用便捷、具有独特价值的内容产品，使企业能够在竞争激烈的媒介市场中始终拥有为数众多的稳定客户群。汤森路透所提供的内容产品多数是为高端客户提供的专业程度较高的智能化信息，有着稳定的客户群体。随着传媒技术的不断发展，渠道已不再是竞争的最大优势，内容才是真正的王道。内容可以吸引客户注意力，满足客户需求，培养客户的忠诚度。在越来越多的传播渠道中提供客户真正需要的信息，抓住客户的注意力，才是传媒产业发展的关键要素。汤森路透早就认识到，内容是传媒企业生存发展的命脉。因此，汤森路透强调内容建设，尤其重视各种数据库信息的建设和更新，使其内容更加全面、精确，通过增加内容的创新性和价值性，塑造企业品牌的个性价值。

汤森路透通过整合资源提升品牌影响力和创新内容塑造品牌个性价值两个方面不断加强企业品牌建设，为企业的发展积聚了无形资产，在媒介竞争与经营中拥有巨大的能量。汤森路透通过卓越的品牌塑造能力，不仅为公司带来了直接的经济利益，而且还创造了社会效益，吸引了更多的客户关注，为今后公司的可持续发展带来了不竭的动力和广阔的空间。

不同的媒介公司要根据自身的实际情况来考虑如何实施品牌战略，并通过实施品牌战略来加强内容创新，推出一批具有品牌效应的内容产品及服务，提高内容产品的产业价值，同时对企业的整体形象进行品牌化包装，提升品牌影响力，树立起企业的知名度和美誉度。大数据时代，面对海量的信息和内容产品，媒介集团要在这种信息数字化、传播网络化的媒介环境中脱颖而出并赢得经营的成功必须依靠品牌效应，树立自己的品牌形象。在品牌塑造方面，注重以受众（或用户）为中心为品牌定位。因此，提供人无我有、人有我新、人新我优的产品或服务是媒介集团品牌经营的重要策略。

五　重视搜索力经济，建设数字信息平台

由于受众的信息需求遵循两个基本原则，即省力原则和价值原则，所以如何更加快速、有效地利用信息和提升信息的价值体验，既是用户最关注的问题，又是大数据时代媒介集团是否能够快速有效地满足用户需求的关键所在。为此，重视搜索力经济，大力建设数字信息平台是媒介集团在大数据时代需要重视的问题。

大数据时代是一个新媒体层出不穷的信息时代，信息技术的快速发展，使得互联网的功能从沟通功能发展到搜索功能，即在“注意力经济”之后，另一种虚拟经济形态——“搜索力经济”——已经出现，用十指敲击出的“搜索力”正在激发大数据的潜能。“搜索力”将“注意力”转化为“吸引力”，从而锁定更多的目标客户。由于省力是人类行为的一种普遍法则，受众总是希望以最小的努力（或最少的精力）获得他所需要的信息，所以人们趋向于通过某种便捷的方式迅速找到自己所需要的、对自己有价值的信息，而“搜索”是能够帮助人们实现省力原则和价值原则的一个简便常用的手段和途径。

中国传媒大学胡正荣教授说过，“传统媒体要在新媒体崛起的环

境中实现突围，必须以用户为先，摒弃‘媒体中心主义’，在全新的多屏时代理解跨平台消费者行为”[①]。他指出，传统的AIDMA（即Attention、Interest、Desire、Memory、Action）模式已逐渐被AISAS（即Attention、Interest、Search、Action、Share）模式所替代。“AISAS模型更加注重用户的搜索和分享行为，这是一个开放式的循环模型，一个用户的分享可以带来其他用户的注意和行动。而在未来，SICAS（即Sense、Interest、Communications、Action、Share）模型将占据高点，这种模型突出了人的感官体会和互动交流。这就要求传统媒体在上游内容方面做到开放、资源共享，在下游渠道部分实现分化，即平台的多元化。”[②] 在这里，胡正荣教授的思想可以总结为“用户为先、内容整合、平台多元”，也就是说，重视用户的搜索和分享行为，提升用户的感官体验和互动交流，努力整合内容资源，建设开放的、多元的平台，以实现用户的最大限度的覆盖，提高用户与媒体之间、用户与用户之间、媒体与媒体之间的互动分享。而要实现这种充分的互动分享，关键在于建立数字信息互动平台。

因此，媒介集团亟须快速应用新的媒介形式和技术手段，大力建设数字信息平台，加强与受众的互动，提高受众获取信息的价值体验，适应大数据时代信息数字化和传播网络化的发展趋势和特点。关于信息平台建设，中国传媒大学黄升民教授强调要建立合作共享的平台机制，他认为：“传统媒体常与垄断相随，从内容、传输到服务均在掌控之中，然而，在数字化转型中，传统媒体经历从封闭到开发，从大众到分众，从单向到互动的过程，逐步建立与传统媒体完全不同的强调合作共享的平台机制。”[③] 传统传媒产业的信息平台建设主要包括内部平台化和外部平台化。内部平台化就是以平台的

---

① 胡正荣：《全媒体时代传统媒体的突围之道》，http://media.people.com.cn/n/2013/0716/c366499-22213328.html。

② 同上。

③ 黄升民：《看八仙如何过海》，《媒介》2010年第9期。

模式盘活企业集团的内容资源，实现灵活的共享和组装，组建一个内部的产品价值网络；外部平台化就是构筑一个多借口的数字化内容的开放型平台，使社会上的内容生产组织、机构、企业和其他用户主动吸附到这个平台上来，形成紧密的内容利益联盟，从而组建一个外部的价值网络。内部平台化是外部平台化的基础，只有合理利用传统媒体积累的各种资源，如庞大的信息素材库、品牌影响力、市场运营经验、广告主资源、受众基础等，先建设和优化内部平台，才能进而通过一定的技术手段和市场机制利用自身平台提供的优质服务来吸引和控制外部资源，实现外部平台优化。传媒集团的平台化建设是媒体角色的一次根本转变，即从内容生产商和提供商到综合性信息内容运营平台商的转变。[①] 综合性信息平台是实现内容产品价值以及内容产品与受众之间的精准匹配和实时互动的重要途径。这也是从“内容为王”到“信息服务为王”的传媒理念在传媒实践中的贯彻与落实。

第二节　问题与展望

大数据时代才刚刚开始，从这个角度来看，本领域的研究也才起步，还有更多的话题值得深入探讨，还有更多的产业实践值得追踪研究，还有更多的问题需要在实践和理论研究中得到解决。将来还会有更多新的问题产生，大数据技术永远处于一个不断创新的过程，产业的发展以及技术的进步又将把我们推向另一个浪峰。纵观媒介发展史，有很多案例都是关于一种技术的社会运用如何伴随着时间的推移而发生显著改变，甚至产生了始料未及的嬗变。例如，托马斯·艾迪生在发明留声机之初，只是将其设计为用于记录口授信件的机器；而今天，它成为风靡大众消费市场的音乐播放器。大

① 谷虹：《信息平台论——三网融合背景下信息平台的构建、运营竞争与规制研究》，清华大学出版社 2012 年版，第 119—134 页。

数据将如何进一步改变我们的生活方式、工作方式、思维方式，甚至是价值观和世界观，这还有待于我们继续观察和发现。

目前，全球传媒产业的未来趋势是分化将继续加速，数字产业的支出占整个行业总支出的比例将不断增加，这个比例已经从2006年的15%提高到2012年的30%[①]。基于未来传媒产业的发展趋势，传媒公司在服务消费者、设计商业模式和发展战略等方面都需要做出调整。随着数字时代消费者的体验需求不断上升并成为趋势，未来全球传媒行业将发展成为基于内容体验的多功能、多平台模式，数字化将继续为传媒公司的发展提供契机。数字化内容的扩散、网络访问与社交媒体的发展意味着传媒公司有能力挖掘并分析先前无法获取的信息。数据对于消费者、内容体验、品牌和创新来说都是至关重要的。因此，对大数据时代的传媒信息和数据进行充分的挖掘和分析将为传媒公司的发展带来更多的商机。传媒公司应该认识到在价值链上开展多方协作的重要性，比如通过社交网络与消费者进行协作，通过新兴模式与广告商进行协作，通过传媒内容体验与数字平台进行协作。这种数字化技术下的协作与互动对媒介公司和消费者都至关重要。在未来的研究中，还有不少新问题等待我们去进一步深入研究，比如，如何平衡用户数据收集与尊重用户隐私的关系，如何有效挖掘和分析传媒业数据，如何根据数据分析结果开发出更能满足消费者需求的产品、工具或媒介消费平台，如何提高媒介集团的信息服务质量，如何利用数据分析制作深度报道，如何通过数字媒介有效提高信息的到达率，如何在大数据时代的信息混沌中引导舆论，大数据时代媒介集团如何寻找细分市场和优化业务单元、如何通过数据分析提高企业正确决策能力以及如何将数据的价值转换为传媒企业的收益等。在此，谨以此次研究作为一次有益的尝试，拟在今后的研究中，继续积累经验，更加深入、系统地加

---

① 杭敏、王甜甜：《全球传媒产业的发展与未来趋势》，《2012：中国传媒产业发展报告》，社会科学文献出版社2012年版，第321—322页。

强对该领域的研究和思考。

大数据时代，媒体正经历着一场大革命，也将迎来更大的机会。我们将会看到未来会出现类似于媒体解决方案提供商这样的机构，移动互联网让媒体可能最先成为大规模实时定制的一种产品或服务——而未来取决于你具备或者共生这种产品的能力。[①]

托马斯·库恩在《科学革命的结构》中深刻地阐明了科学的演进过程不仅是“渐进式”和“选择性”的，更是“革命性”的，即通过基本的解释原则或范式的革命来实现。根据库恩的观点，范式是形而上学的、高于规则之上的观念约定，范式支配着我们的世界观。范式的革命不仅意味着世界观的拓宽拓广，而且意味着世界观的结构本身发生了改变。一些范式统治着一个时代的科学认识，当一种范式让位给一种新范式时，就发生了科学革命的大变动，即发生了从一种理论过渡到另一种理论的世界观的断裂。这要求我们的思维永远不要封闭，要在被分割的事物之间重建联系。大数据的发展将深刻影响并推动着传媒业，传播领域发生的巨变不仅是结构上的，更将是思想上的。不改变就将被改变，不创新就将被创新。因此，拿出超越自我的勇气，敢于创新和改变，才是可持续的发展和经营之道。

本章小结

本章对中国媒介集团在大数据时代的发展战略提出了路径思考，即明确受众需求，找准市场定位；重视数字技术与数据分析，深度挖掘数据价值；从“内容为王”到“信息服务为王”的传媒理念的转变；树立品牌意识，提高品牌影响力；重视搜索力经济，建设信

① 周健工：《旧媒体与大革命：产品即媒体》，http：//mp. weixin. qq. com/s? _ _ biz = MjM5MjQxMjEwNQ = &mi id = 200014027&idx = 1&sn = 8f5a6a7ed5379707c83f8a655251e3fa&scene = 3#rd。

息互动平台。万物生息不止，学问永无止境，随着媒介技术和媒介环境的不断变化和发展，也会有新的问题不断出现，这就需要我们用开放的心态和发展的眼光进一步去了解和发现这些问题背后的发展规律。

参考文献

[1] [美] 艾伯特-拉斯洛·巴拉巴西:《爆发:大数据时代预见未来的新思维》,马慧译,中国人民大学出版社 2012 年版。

[2] [美] 安澜·B. 艾尔布兰:《传媒经济学:市场、产业与观念》,陈鹏译,中国传媒大学出版社 2009 年版。

[3] [美] 阿兰·B. 阿尔瓦兰:《传媒经济与管理学导论》,崔保国、杭敏、徐佳等译,清华大学出版社 2010 年版。

[4] [美] 艾莉森·亚历山大、詹姆斯·奥厄斯、罗德·卡维思、C. 安·霍利菲尔德、艾伯特·N. 格列柯:《媒介经济学——理论与实践》,丁汉青译,中国人民大学出版社 2008 年版。

[5] [美] Anand Rajaraman、Jeffrey David Ullman:《大数据:互联网大规模数据挖掘与分布式处理》,王斌译,人民邮电出版社 2012 年版。

[6] [美] 保罗·莱文森:《新新媒介》,何道宽译,复旦大学出版社 2010 年版。

[7] [美] 保罗·A. 萨缪尔森、威廉·D. 诺德豪斯:《经济学》(第十二版),中国发展出版社 1992 年版。

[8] [美] Bill Franks:《驾驭大数据》,黄海、车皓阳、王悦译,人民邮电出版社 2013 年版。

[9] [日] 城田真琴:《大数据的冲击》,周自恒译,人民邮电出版社 2013 年版。

[10] [英] 吉莉安·道尔:《理解传媒经济学》,李颖译,胡正荣审,清华大学出版社2004年版。

[11] [美] 凯斯·桑斯坦:《网络共和国》,黄维明译,上海人民出版社2003年版。

[12] [丹麦] 克劳斯·布鲁恩·延森:《媒介融合:网络传播、大众传播和人际传播的三重维度》,刘君译,复旦大学出版社2012年版。

[13] [美] 克里斯·安德森:《长尾理论》,乔江涛、石晓燕译,中信出版社2006年版。

[14] [美] 柯林·霍斯金斯、斯图亚特·麦克法蒂耶、亚当·费恩:《媒介经济学——经济学在新媒介与传统媒介中的应用》,支庭荣、吴非译,暨南大学出版社2005年版。

[15] [美] 肯·多科特:《传媒经济学——信息传播的12种新趋势》,何训、徐继华译,电子工业出版社2011年版。

[16] [美] 罗伯特·G. 皮卡德:《媒介经济学:概念与问题》,赵丽颖译,中国人民大学出版社2005年版。

[17] [美] 迈克尔·波特:《竞争优势》,陈小悦译,华夏出版社1997年版。

[18] [加] 马歇尔·麦克卢汉:《理解媒介:论人的延伸》(增订评注本),何道宽译,凤凰出版传媒集团、译林出版社2011年版。

[19] [美] 尼葛洛·庞蒂:《数字化生存》,胡泳、范海燕译,海南出版社1997年版。

[20] [美] Robert·G. Picard:《媒介经济学》,冯建三译,远流出版事业股份有限公司1994年版。

[21] [美] Richard Lewis、James Lucian:《数字媒体导论》,郭畅译,清华大学出版社2006年版。

[22] [美] 威尔伯·施拉姆、威廉·波特:《传播学概论》,何道宽译,中国人民大学出版社2010年版。

[23] [英] 维克托·迈尔 - 舍恩伯格、肯尼思·库克耶:《大数据时代》，盛杨燕、周涛译，浙江人民出版社 2013 年版。

[24] [美] 小艾尔弗雷德·D. 钱德勒:《企业规模经济与范围经济——工业资本主义的原动力》，中国社会科学出版社 1999 年版。

[25] [美] 小阿瑟·A. 汤普森、约翰·E. 甘布尔、A. J. 斯特里克兰三世:《战略管理：获取竞争优势》，蓝海林、李卫宁、黄嫚丽译，机械工业出版社 2007 年版。

[26] 卜彦芳编著:《传媒经济学理论与案例》，中国国际广播出版社 2008 年版。

[27] 陈永庆:《解密 BBC——世界传媒王国的成长之路》，华夏出版社 2009 年版。

[28] 范以锦、董天策:《数字化时代的传媒产业》，暨南大学出版社 2008 年版。

[29] 谷虹:《信息平台论——三网融合背景下信息平台的构建、运营竞争与规制研究》，清华大学出版社 2012 年版。

[30] 郭全中:《传媒集团战略与管理体制研究》，北京师范大学出版集团、安徽大学出版社 2009 年版。

[31] 郭晓科:《大数据》，清华大学出版社 2013 年版。

[32] 郭昕、孟晔:《大数据的力量》，机械工业出版社 2013 年版。

[33] 韩运荣:《传媒经济理论、演进与模式》，北京大学出版社 2011 年版。

[34] 黄河:《传媒数字化管理》，中国传媒大学出版社 2011 年版。

[35] 黄健:《新媒体浪潮》，广西教育出版社 2011 年版。

[36] 胡昌平、柯平、王翠萍:《信息服务与用户研究》，科学技术文献出版社 2005 年版。

[37] 胡昌平:《面向用户的信息资源整合与服务》，武汉大学出版社 2007 年版。

[38] 胡昌平、邓胜利:《数字化信息服务》，武汉大学出版社 2012 年版。

[39] 胡正荣、李继忠:《中国广播电视公共服务体系：目标与实践研究》，中国广播电视出版社 2010 年版。

[40] 胡正荣:《外国媒介集团研究》，中国传媒大学出版社 2003 年版。

[41] 胡正荣:《全球传媒产业发展报告（2011)》，社会科学文献出版社 2011 年版。

[42] 黄河编著:《新媒体实务》，中国人民大学出版社 2012 年版。

[43] 黄升民等:《数字传播技术与传媒产业发展研究》，经济科学出版社 2012 年版。

[44] 黄升民、周艳、赵子忠:《数字传播技术与传媒产业发展研究》，社会科学文献出版社 2012 年版。

[45] 兰培:《传媒并购与融资：理论・实务・案例》，中国社会科学出版社 2008 年版。

[46] 李彬:《全球新闻传播史》，清华大学出版社 2005 年版。

[47] 李德伟等:《大数据改变世界》，电子工业出版社 2013 年版。

[48] 李海容:《泛媒体时代——媒介创新与未来》，暨南大学出版社 2011 年版。

[49] 李良荣:《当代西方新闻媒体》，复旦大学出版社 2006 年版。

[50] 李杰:《企业发展战略》，清华大学出版社 2009 年版。

[51] 李松龄:《传媒经济理论研究》，湖南大学出版社 2008 年版。

[52] 李希光、赵心数:《媒体的力量》，南方日报出版社 2002 年版。

[53] 卢文浩:《中国传媒业的系统竞争研究——一个媒介生态学的视角》，中国经济出版社 2009 年版。

[54] 陆小华:《新媒体观——信息化生存时代的思维方式》，清华大学出版社 2008 年版。

[55] 马建平、卞华:《媒介经营管理创新思维》，中国传媒大学出

版社 2008 年版。
[56] 马胜荣、唐润华：《新闻媒介的融合与管理——一种业界视角》，重庆大学出版社 2010 年版。
[57] 邵培仁、章东轶：《媒介管理学经典案例》，高等教育出版社 2003 年版。
[58] 邵培仁、陈兵：《媒介战略管理》，复旦大学出版社 2003 年版。
[59] 石海明、刘杨戉、张茜：《适应者死亡——媒体狂欢时代的全球战略博弈》，武汉出版社 2011 年版。
[60] 苏萌、柏林森、周涛：《个性化：商业的未来》，机械工业出版社 2012 年版。
[61] 孙建军主编：《信息资源管理概论》，东南大学出版社 2008 年版。
[62] 谭磊：《New Internet：大数据挖掘》，电子工业出版社 2013 年版。
[63] 唐润华：《解密国际媒介集团》，广东南方日报出版社 2003 年版。
[64] 陶志峰：《媒介战略管理——方向性的把握》，湖南人民出版社 2003 年版。
[65] 田丽：《媒体竞争力评价研究》，北京大学出版社 2008 年版。
[66] 屠忠俊：《现代传媒经营管理》，华中科技大学出版社 2011 年版。
[67] 王关义、李治堂：《信息时代的传媒经济与管理》，经济管理出版社 2011 年版。
[68] 王学成：《全球化时代的跨国媒介集团》，社会科学文献出版社 2005 年版。
[69] 吴曼芳：《媒介的政府规制》，中国电影出版社 2008 年版。
[70] 谢新洲主编：《媒介经营与管理》，北京大学出版社 2011 年版。
[71] 徐祖哲：《信息跨越——信息怎样改变社会与生活》，光明日报出版社 2002 年版。
[72] 徐子沛：《大数据：正在到来的数据革命》，广西师范大学出版社 2013 年版。
[73] [美] 伊查科·爱迪思：《企业生命周期》，何燕生译，中国社

会科学出版社 1997 年版。

[74] 殷俊：《新媒体产业导论——基于数字时代的媒体产业》，四川大学出版社 2009 年版。

[75] 应中伟：《中国出版企业核心能力研究》，广东人民出版社 2011 年版。

[76] 喻国明、张小争：《传媒竞争力：产业价值链案例与模式》，华夏出版社 2005 年版。

[77] 岳泉、汪徽志、刘红珠：《新媒介概论》，南京大学出版社 2010 年版。

[78] 曾华国：《媒体的扩张》，南方日报出版社 2004 年版。

[79] 张辉锋：《传媒管理学》，中国传媒大学出版社 2009 年版。

[80] 张辉锋：《传媒经济学：理论、历史与实务》，人民日报出版社 2012 年版。

[81] 张金海、梅明丽：《世界十大媒介集团产业发展报告》，武汉大学出版社 2007 年版。

[82] 张明新：《媒体竞争分析：架构、方法与实证——一种生态位理论范式的研究》，华中科技大学出版社 2011 年版。

[83] 郑保卫：《论媒介经济与媒介集团化发展》，中国人民大学出版社 2003 年版。

[84] 赵国栋、易欢欢、糜万军、鄂维南：《大数据时代的历史机遇——产业变革与数据科学》，清华大学出版社 2013 年版。

[85] 赵刚：《大数据：技术与应用实践指南》，电子工业出版社 2013 年版。

[86] 赵曙光：《媒介经济学》，清华大学出版社 2007 年版。

[87] 郑毅：《证析——大数据与基于证据的决策》，华夏出版社 2012 年版。

[88] 周宝耀、刘伟、范承工：《大数据：战略·技术·实践》，电子工业出版社 2013 年版。

[89] 周宏仁：《信息化概论》，电子工业出版社 2009 年版。
[90] 周鸿铎：《世界五大媒介集团经营之道》，经济管理出版社 2005 年版。
[91] 周鸿铎、王文杰、陈鹏主编：《媒介集团运营机制》，经济管理出版社 2005 年版。
[92] 朱春阳：《现代传媒集团成长理论与策略》，上海人民出版社 2008 年版。
[93] 朱海松：《网络的破碎化传播——传播的不确定性与复杂适应性》，中国市场出版社 2010 年版。
[94] 包国强、李良荣：《传媒企业核心竞争力的提升策略》，《中南财经政法大学学报》2007 年第 3 期。
[95] 卜伟才：《国际传媒综合化战略初探》，《中国广播电视学刊》2011 年第 2 期。
[96] 程慧：《运营商挖掘大数据价值的 7 种模式》，《中国电信业》2013 年第 2 期。
[97] 陈昌凤：《“大数据”时代如何做新闻》，《新闻与写作》2013 年第 1 期。
[98] 陈明奇、姜禾、张娟、廖方宇：《大数据时代的美国信息网络安全新战略分析》，《信息网络安全》2012 年第 8 期。
[99] 陈卫星：《麦克卢汉的传播思想》，《新闻与传播研究》1997 年第 4 期。
[100] 杜庆华：《专业出版业核心竞争力的识别与培育》，《云梦学刊》2007 年第 11 期。
[101] 韩芳芳、范群、韩青青：《我国大数据领域研究论文的计量分析》，《图书馆学研究》2013 年第 8 期。
[102] 甘绮翠：《大数据能力的关键要素》，《销售与市场》（管理版）2013 年第 2 期。
[103] 官建文、刘扬、刘振兴：《大数据时代对于传媒业意味着什

么?》,《新闻战线》2013 年第 2 期。

[104] 郭全中:《现代传媒企业家的素质与要求》,《青年记者》2011 年第 6 期。

[105] 汇海:《“大数据”时代来临》,《信息化建设》2012 年第 9 期。

[106] 金冠军、郑涵、孙绍谊:《制度转型与政策冲突:当前国际传媒发展的基本点》,《现代传播》2005 年第 4 期。

[107] 李欣:《巨型跨国媒介集团的社会控制力量》,《新闻记者》2006 年第 1 期。

[108] 李瑛、宋歌:《汤姆森——路透集团核心竞争力的构建及其借鉴意义》,《郑州大学学报》(哲学社会科学版)2011 年第 3 期。

[109] 刘年辉:《报业组织核心竞争力的理论分析》,《中国社会科学院研究生院学报》2006 年第 1 期。

[110] 彭兰:《社会化媒体、移动终端、大数据:影响新闻生产的新技术因素》,《新闻界》2012 年第 16 期。

[111] 彭兰:《“大数据”时代:新闻业面临的新震荡》,《编辑之友》2013 年第 1 期。

[112] 曲红:《关于提高我国传媒核心竞争力的思考》,《现代传播》2004 年第 2 期。

[113] 钱晓文:《我国传媒打造核心竞争力的策略》,《新闻记者》2004 年第 2 期。

[114] 孙兴杰:《“棱镜门”:大数据时代的公民与政府》,《理论导报》2013 年第 7 期。

[115] 沈正赋:《传媒核心竞争力及其影响要素解读》,《新闻大学》2004 年第 4 期。

[116] 唐润华、文建:《“汤姆森——路透”并购案影响分析》,《中国记者》2007 年第 6 期。

[117] 王国平、刘黎:《国际传媒产业的资本运营观察与研究》,

《江西社会科学》2006 年第 1 期。
[118] 王积龙：《从汤姆森——路透的并购看：增值最快与市场最大》，《出版参考》2007 年第 22 期。
[119] 邬爱其、贾生华：《企业成长机制理论研究综述》，《科研管理》2007 年第 2 期。
[120] 谢津津：《汤姆森与路透合并原因探析》，《青年记者》2010 年第 11 期。
[121] 邢建毅、陈丽娟：《2006 五大跨国媒介集团发展研究》，《现代传播》2007 年第 3 期。
[122] 邢建毅、陈丽娟：《2007 五大跨国媒介集团发展研究》，《现代传播》2008 年第 3 期。
[123] 邢建毅、陈丽娟：《2008 五大跨国媒介集团发状况概述》，《现代传播》2009 年第 3 期。
[124] 邢建毅、陈丽娟：《2009 五大跨国媒介集团发展概述》，《现代传播》2010 年第 6 期。
[125] 邢建毅、刘菁：《2010 五大跨国媒介集团发展概述》，《现代传播》2011 年第 8 期。
[126] 杨贵山：《汤姆森公司的经营理念》，《大学出版》2004 年第 4 期。
[127] 严怡宁：《我国国际传媒研究现状》，《新闻知识》2006 年第 11 期。
[128] 姚凯：《传媒企业家的精神构建》，《青年记者》2011 年第 6 期。
[129] 喻国明、宋美杰：《微电影、大数据、三网融合：中国传媒业跨入新传播时代的门槛——社会化视角下的 2012 中国传媒业关键词》，《编辑之友》2013 年第 2 期。
[130] 张意轩、于洋：《大数据时代的大媒体》，《科技智囊》2013 年第 3 期。

[131] 郑保卫、唐远清：《试论新闻传媒核心竞争力的开发》，《新闻战线》2003 年第 1 期。

[132] 赵勋：《传媒核心竞争力概念辨析》，《商业时代》2009 年第 21 期。

[133] 耿秋：《大数据时代　机遇？挑战?》，《中国大时代》2012 年第 6 期。

[134] 周岩：《坚守核心品牌——国际传媒巨头的取胜之道》，《中国记者》2003 年第 1 期。

[135] 朱春阳：《如何使传媒产品创新更加富有效率》，《现代传播》2008 年第 6 期。

[136] 程三国：《现代出版业的结构与商业模式》，《2004 年中国文化产业发展报告》，社会科学文献出版社 2004 年版。

[137] 郭全中：《“十二五”期间中国传媒业的趋势——兼谈传媒集团规划中的几个关键问题》，《世界传媒产业评论》，2011 年。

[138] 沈波、徐升华：《企业信息资源的战略特性分析》，《中国信息系统研究：新兴技术背景下的机遇与挑战》（上），武汉大学出版社 2009 年版。

[139] 吴信训：《世界传媒产业评论》（第 8 辑），中国国际广播出版社 2011 年版。

[140] 唐润华：《外国媒介集团在中国发展现状分析》，《第一财经日报》2005 年 3 月 1 日。

[141] 《“十二五”国家战略性新兴产业发展规划》，http：//baike. baidu. com/link？ Url = yaLW1t2ZHrClakMNji _ RnHKhrOIn-LaWJsQp-b_ AtLaV1N52mFXeWcfESpH2hE5e21NVn OLAvZFr-LP0FEPbGKm_ 。

[142] 《物联网“十二五”发展规划》，http：//www. miit. gov. cn/n11293472/n11293832/n11294072/n11302450/14457095. html。

[143] 谢文：《大数据-——“三维”空间的有机融合》，http：//yjy.

people. com. cn/n/2012/1105/c245081-19502283. html。

[144]《阿里巴巴、腾讯全面布局大数据“富矿”》, http://net. chinabyte. com/252/12377252. shtml, 2012 年 7 月 11 日。

[145]《大数据时代：更要跨越数据鸿沟》, http://news. xinhuanet. com/tech/2013-02/25/c_ 124383015. htm. 2013 年 2 月 25 日。来源:《人民日报》。

[146]《腾讯大社交战略：大数据和大营销》, http://www. techweb. com. cn/internet/2012-07-24/1217791. shtml, 2012 年 7 月 24 日。

[147]《腾讯：下一阶段决胜大数据》, http://www. chnsourcing. com. cn/outsourcing-news/article/39561. html, 2012 年 8 月 23 日。

[148] 王亚亮:《佛山传媒集团与尼尔森签约合作，大数据时代探索媒体转型》, http://epaper. citygf. com/szb/html/2013-02/25/content_ 505676743. htm。

[149] 谢睿:《腾讯迎战大数据时代：用户端和客户端双向布局》, http://tech. qq. com/ a/20120602/000024. htm, 2012 年 6 月 2 日。

[150] Adam Jacobs. The Pathologies of Big Data. Communications of the ACM. Aug. 2009 (Vol. 52, No. 8).

[151] Albarran, A. B., Chan-Olmsted, S. M., S. M. Chan-Olmsted (Eds.) (1998). Global Media Economics-Commercialization, concentration and integration of world media markets. Ames: Iowa State University Press.

[152] Albarran, A. B., Dimmick, J. (1996). Concentration and Economics of Multiformity in the Communication Industries. The Journal of Media Economics, 9 (4).

[153] Alexander, A., Owers, J., Carveth, R., Hollifield, C. A., Greco, A. N. (Eds.) (2004). Media economics-Theory and practice. New Jersey: Lawrence Erlbaum Associates.

[154] Anne Millage, From Buzzword to Reality. Internal Auditor. Feb.

2013, Vol. 70, Issue 1.

[155] Bowbliss, Kerry Massaro. Thomson Reuters Eikon: What Went Wrong? Wall Street & Technology. Feb. 2012, Vol. 30, Issue 1.

[156] Brynko, Barbara. A. Look at the Scientific Business of Thomson Reuters. Information Today. Jan. 2009, Vol. 26, Issue 10.

[157] Brynko, Barbara. Thomson Reuters: Predicting the Nobel Winners. Information Today. Nov. 2011, Vol. 28, Issue 10.

[158] Brynko, Barbara. Thomson Reuters: Research Impact Factor. Information Today. Dec. 2011, Vol. 28, Issue 11.

[159] Brynko, Barbara. Thomson Reuters: "One World, One Source". Information Today. Jul. /Aug. 2012, Vol. 29, Issue 7.

[160] Brynko, Barbara. Thomson Reuters: Tracking Data. Information Today. Sep. 2012, Vol. 29, Issue 8.

[161] Burgess, Jean; Bruns, Axel; Hjorth, Larissa. Journal of Broadcasting & Electronic Media. Mar. 2013, Vol. 57, Issue 1.

[162] Christiian Bizer, Peter Boncz, Michael L. Brodie, Orri Erling. The Meaningful Use of Big Data: Four Perspectives-Four Challengers, SIGMOD Record, Dec. 2011 (Vol. 40, No. 4).

[163] C. K. Prahalad & Gary Hamel. The Core Competence of the Corporation. Harvard Business Review, 1990, 68 (3).

[164] Corbett, Charlie. The Birth of a Giant: Thomson Reuters. Banker. Sep. 2008.

[165] Coase, Ronald H.. The Nature of the Firm. Economica, 1937, 4 (16).

[166] Danah Boyd, Kate Crawford. Critical Questions for Big Data. Information, Communication & Society. Jun. 2012, Vol. 15, Issue 5.

[167] Danah Fisher, Rob DeLine, Mary Czerwinski, Steven Drucker. Interactions with Big Data Analytics. Interactions. 2012 (Vol. 3).

[168] Dom Robinson. Thomson Reuters: Creating a Global Webcasting

Platform: A look at the inner workings of a worldwide streaming empire. Streaming Media. Dec 2009/Jan. 2010, Vol. 6, Issue 6.

[169] Eleanor Mcdonnell Feit, Wang Pengyuan, Eric T Bradlow, Peter S Fader. Fusing Aggregate and Disaggregate Data with an Application to Multiplatform Media Consumption. Journal of Marketing Research (JMR). Jun. 2013, Vol. 50, Issue 3.

[170] Free, David. Thomson Reuters Launches Data Citation Index. College & Research Libraries News. Jan. 2013, Vol. 74, Issue 1.

[171] Gantz J, Reinsel D. Extracting Value from Chaos. 2011. Rep. IDC, Sponsored by Emc Corporation, June. http://idcdocserv.com/1142.

[172] Geoff McGhee. Journalism in the Age of Data. http://datajournalism.stanford.edu/noflash.html#.

[173] Guz, A.; Rushchitsky, J. Citation analysis of publications of NASU mechanicians in the database of the Thomson Reuters Institute for Scientific Information. International Applied Mechanics. Jul. 2009, Vol. 45, Issue 7.

[174] Hagey, Keach; Jones, Kristin; Chaudhuri, Saabira. Thomson Reuters Battles Slow Sales. Wall Street Journal-Eastern Edition. 11/3/2012, Vol. 260, Issue 106.

[175] Hurrell Bella, Leimdorfer Andrew: Data Journalism at the BBc. The Data Journalism Handbook. http://www.datajournalismhandbook.org/1.0/en/in_the_newsroom_1.html.

[176] James Manyika, Michael Chui, Brad Brown, Jacques Bughin, Richard Dobbs, Charles Roxburgh and Angela Hung Byers. Big Data: The Next Frontier for Innovation, Competition, and Productivity. McKinsey Global Institute. Annual Report: (6). 2011.

[177] Jean Burgess, Axel Bruns, Larissa Hjorth. Emerging Methods for

Digital Media Research: An Introduction. Journal of Broadcasting & Electronic Media. Mar. 2013, Vol. 57, Issue 1.

[178] Jiawei Han, Micheline Kamber, Data Mining: Concepts and Techniques, second edition, Elservier Inc., 2006.

[179] Keiser, Barbie. Free Scientific Resources From Thomson Reuters. Online. Jul./Aug. 2011, Vol. 35, Issue 4.

[180] Kelly Liyakasa. Big Data Analytics Can Help Improve Information Security. *CRM Magazine*. Nov. 2012, Vol. 16, Issue 11.

[181] Kim, Hak J. Pelaez, Alexander; Winston, Elaine R.. Expercing Big Data Analytics: Analyzing Social Media Data in Financial Sector as a Case Study. Proceedings for the Northeast Region Decision Sciences Institute (NEDSI). 2013.

[182] Lee Chung-Hong, Chien Tzan-Feng. Leveraging microblogging big data with a modified density-based clustering approach for event awareness and topic ranking. Journal of Information Science. Aug. 2013, Vol. 39, Issue 4.

[183] L. Getoor, Link Mining: A New Data Mining Chanllenge. SIGKDD Explorations, 2003, 5 (1).

[184] Lewis, Seth C.; Zamith, Rodrigo; Hermida, Alfred. Content Analysis in an Era of Big Data: A Hybrid Approach to Computational and Manual Methods. Journal of Broadcasting & Electronic Media. Mar. 2013, Vol. 57, Issue 1.

[185] Mahrtl, Merja; Scharkow, Michael. The Value of Big Data in Digital Media Research. Journal of Broadcasting & Electronic Media. Mar. 2013, Vol. 57, Issue 1.

[186] Media Industry Newsletter. 1/21/2013, Vol. 66, Issue 3.

[187] Mirko Lorenz. Why Jounalists Should Use Data. The Data Journalism Handbook. http://www.datajournalismhandbook.org/1.0/en/in-

troduction_1. html.

[188] Morrison, Mary E. Thomson Reuters targets traders with consumer strategy. B to B. 3/14/2011, Vol. 96, Issue 3.

[189] M. R. Thomson Reuters Accelerates Data. Wall Street & Technology. Sep. 2012, Vol. 30, Issue 3.

[190] Nafiseh Shabib, John Krogsite. The Use of Data Mining Techniques in Location-based Recommender System, Proceeding WINS' 11 Proceedings of the International Conference on Web Intelligence, Mining and Semantics, 2011.

[191] Penrose E. T. The Theory of the Growth of the Firm. Oxford: Oxford University Press, 1959.

[192] Prahalad, C. K. Hamel, Gary. The Core Competence of the Corporation》, Harvard Business Review, 1990.

[193] Procter, Rob; Vis, Farida; Voss, Alex. Reading the riots on Twitter: methodological innovation for the analysis of big data. International Journal of Social Research Methodology. May. 2013, Vol. 16, Issue 3.

[194] Rebecca Eynon. The rise of Big Data: what does it mean for education, technology, and media research? Learning, Media & Technology. Sep. 2013, Vol. 38, Issue 3.

[195] Reed, Stanley. Media Giant or Media Muddle? BusinessWeek. 5/12/2008, Issue 4083.

[196] R. Agrawal, Data Mining Sssociation Rules Between Sets of Items in Large Databases. In the Proceedings of ACM SIGMOD Conference on Management of Data, Washington, DC, May 1993.

[197] Rob Procter, Farida Vis, Alex Voss. Reading the riots on Twitter: methodological innovation for the analysis of big data. International Journal of Social Research Methodology. May. 2013, Vol. 16,

Issue 3.

[198] Seth C Lewis, Rodrigo Zamith, Alfred Hermida. Content Analysis in an Era of Big Data: A Hybrid Approach to Computational and Manual Methods. Journal of Broadcasting & Electronic Media. Mar. 2013, Vol. 57, Issue 1.

[199] Schwartz, Matthew. Thomson-Reuters deal would create largest provider of financial data. B to B. 6/4/2007, Vol. 92, Issue 7.

[200] Swoger, Bonnie. Thomson Reuters Data Citation Index. Library Journal. 12/1/2012, Vol. 137, Issue 20.

[201] Terris, Harry. Growth or Froth? American Banker Magazine. Aug. 2011, Vol. 121, Issue 8.

[202] Timberlake, Jeanene. Thomson Reuters Plans Aegisoft Integration. Wall Street Letter. 2/15/2010, Vol. 42, Issue 6.

[203] Varun Chandola, Vinpin Kumar. Summarrization-Compressing Data into an Informative Representatoin (2006). Knowledge Discovery and Information Systems (KAIS), Vol. 12 (3), 2007.

[204] Williams, Peter. Proquest buys Dialog from Thomson Reuters. Information World Review. Jul. /Aug. 2008, Issue 248.

[205] Williamson, O.. Markets and Hierarchies: Analysis and Anti-Trust Implications. New York: The Free Press, 1975.

[206] X. Yan, J. Han, Span: Graph-based Substructure Pattern Mining. In Proceedings of the 2002 IEEE International Conference on Data Mining (ICDM 2) (December 09-12, 2002). IEEE Computer Society, Washington, DC.

致　谢

大数据研究在中国尚处于起步阶段，媒介经济学及媒介集团发展研究也属前沿研究，选择这两者的结合固然具有挑战性，但也充满了乐趣。本书是在我的博士论文基础上完善而成，它得以顺利出版，要感谢很多人的帮助。首先要感谢我的博士导师胡正荣教授，他给了我很多指导和点拨，这些真知灼见带给我无限启发，推动我不断思考与前进。这些教诲，点点滴滴都是盛大的恩惠，令我受益匪浅。吾感激不尽，无以言表，唯有奋发努力，不敢辜负！感谢柯林·斯帕克斯教授、柯惠新教授、刘燕南教授、龙耘教授、丁迈教授、段鹏教授、李继东副教授、张磊副研究员等各位老师在我博士论文选题及论文框架设计与写作过程中对我提出的中肯建议和意见，这些宝贵的建议和意见使我对论文进行深入细致的思考、梳理和修改，虽然过程艰辛，但唯有如此，才有更加完美的呈现。此外，还特别要感谢我的硕士导师何道宽教授所给予的无私帮助、支持和不断鞭策，何老师不但给我提供了非常值得参考的思路，还经常关注写作进度，在近乎枯燥的写作过程中给予了大量的精神鼓励与支持，特此深深致谢！感谢我的家人对我的支持，他们是我努力学习与完成论文写作的精神支柱！最后，真心感谢中国社会科学出版社的郭晓鸿老师的大力支持与帮助，使得此书稿的出版得以顺利进行。所有这些人对我的帮助，都是我一生的宝贵财富。谨以此书的出版，作为对大家的回报，祝愿我敬爱的老师健康平安、桃李满天下，也愿我的家人和朋友健康幸福、平安如意！

正如歌德在《浮士德》中所说："人生朝露，艺业千秋。"一万年也许太久，让我们只争朝夕，但愿我们的学术精神生生不息。